高校档案的社会化服务研究

郭 静 著

图书在版编目(CIP)数据

高校档案的社会化服务研究 / 郭静著. -- 长春 :
吉林文史出版社, 2021.10

ISBN 978-7-5472-8226-7

Ⅰ. ①高… Ⅱ. ①郭… Ⅲ. ①高等学校－档案工作－
研究 Ⅳ. ①G647.24

中国版本图书馆 CIP 数据核字(2021)第 206746 号

高校档案的社会化服务研究

GAOXIAO DANG'AN DE SHEHUIHUA FUWU YANJIU

出 版 人　张　强
作　　者　郭　静
责任编辑　柳永哲
装帧设计　中图时代
印　　刷　三河市嵩川印刷有限公司
开　　本　710 mm×1000 mm　1/16
印　　张　13.25
字　　数　220 千字
版　　次　2021 年 10 月第 1 版
印　　次　2022 年 1 月第 1 次印刷

出版发行　吉林文史出版社
地　　址　吉林省长春市净月开发区福祉大路 5788 号
网　　址　www.jlws.com.cn
书　　号　ISBN 978-7-5472-8226-7
定　　价　58.00 元

目　录

第一章　档案社会化服务概述

第一节　档案公共服务的概念

早在20世纪40年代,国外档案社会化服务的实践就已开展,目前趋于成熟。随着我国经济的发展推动着政治体制改革的行进,市场主体逐渐多元化,不少档案中介机构也开始了档案社会化服务的实践尝试。相较于实践的蓬勃发展,我国的理论建设很不完善,对档案社会化服务至今尚未进行概念界定和定义解读。借助文献调查,已有研究存在的突出问题是概念不清,提法较混乱。有的用"档案社会化服务",有的用"档案服务社会化",有的用"档案中介服务",有的还用"档案工作社会化服务""档案专业社会化服务"等等,存在不同提法指向同一内涵或者是同一概念却有不同含义的现象。由于概念区分不明,清晰度较差,很多成果将档案中介服务、档案服务社会化、档案社会化服务等不同概念混为一谈,不仅妨碍了研究的准确性和深度,更严重的是让真正意义上的档案社会化服务的创新性得不到正确、科学的认识和评价,弱化了档案社会化服务及其机构存在的价值,阻碍了档案社会化服务产业发展的进程。因此,笔者认为有必要对档案社会化服务进行概念界定和含义解读。

一、档案社会化服务概念的观点

对国内文献的相近概念进行梳理,有以下几种代表性观点。

"档案中介服务"——李辰在《全国档案中介服务发展概述》中将其定义为"在社会主义市场经济条件下,由档案行政管理部门认定并接受其监督的档案中介组织,以档案和档案工作为服务对象,以档案整理与寄存、档案价值鉴定与评估、档案信息咨询与加工、档案干部培训等为服务内容,直接为机关、企事业单位或个人代办档案事务的一种行为”。该定义以档案中介组织为切入点,强调服务主体。

“档案服务市场化”——张彦等在《档案服务市场化应打破的四种瓶颈》中认为其是“按照市场运作理念,引入市场机制,适应市场,找准经济建设服务的切入点,来拓宽档案服务领域和方式,突出重点,全方位、多层次、多角度地为经济建设和社会发展服务”。该定义以市场运作为切入点,强调服务特征。

“档案服务社会化”——马智鑫、刘东红在《试论档案服务社会化的内涵、主体和范围界定》中指出它是“档案部门在提供服务上,以社会需求为导向,以公共利益的最大化为目标,以提高档案服务质量和效率、降低服务成本、最大限度地满足社会公众的需求、实现社会效益和经济效益的最佳为目的,立足档案工作,运用社会和市场的力量,开展在社会领域的多方位合作,适当引入市场机制,形成以档案部门为主导、多种形式参与的档案服务提供机制”。该定义以档案部门为切入点,强调服务目标。

“档案社会化服务”——王国兴在《档案社会化服务问题略论》中将其定义为“据档案界出现的档案专业组卷服务公司、桌面印刷系统、复印打字等经营性实体可断论,它是以档案系统为主,参与经济改革、社会服务的一种新生事物”。该定义以档案系统为切入点,强调服务主体。

“档案工作社会化服务”——郦懿清在《议档案工作社会化服务》中给出的定义是“国家各级档案行政管理部门为广大立档单位和个人提供的档案工作业务指导和服务,是以介于保管者和利用者之间的中介机构的形式提供系列化服务”。该定义以档案行政管理部门为切入点,强调服务主体。

“档案专业社会化服务”——杜媛媛在《浅论档案专业社会化服务的难点及解决办法》中将其定义为“以丰富的档案资源为基础,通过多种途径、多种形式开发和利用档案资源,同时建立健全档案信息资源社会化服务体系,使档案资源为政府部门和公众发挥最大的作用”。该定义以开发利用档案资源为切入点,强调服务内容。

“档案专业社会化服务”——陈姝在《关于构建档案专业社会化服务体系的思

考》中将其定义为"是档案事业的发展与社会对档案、档案工作需要的有机结合，是档案、档案工作融入社会、服务社会的动态过程"。该定义以社会为切入点，强调服务对象。

以上代表性定义各有侧重，有的强调服务主体，有的强调服务特征，有的强调服务目标，有的强调服务内容，有的强调服务对象，等等。这表明了对档案社会化服务的研究存在概念名称及定义解释不尽一致、较为混乱的现状。

二、"档案社会化服务"与"档案服务社会化"概念辨析

在我国已有文献使用的诸多概念中，与"档案社会化服务"最相近的是"档案服务社会化"。

无论是"档案服务社会化"还是"档案社会化服务"，其关键词都是"档案服务"，前者可理解为档案服务之社会化，后者可理解为档案之社会化服务。"社会化"在两个概念中的不同位置，反映出档案服务的不同基点和特点。

档案服务之社会化强调的服务主体是档案部门，揭示的是档案服务的方向和趋势。从历史溯源来看，档案馆向社会公众开放源起 1789 年的法国档案工作改革。自此之后，公共档案馆向公众开放并为公众服务成为国外普遍遵行的一项原则。与国外相比，我国档案馆的开放进程较晚。1980 年党中央制定了"开放历史档案"的方针，直到 1987 年颁布的《中华人民共和国档案法》才为我国档案开放确立了法律依据。尽管我国档案馆十分重视档案服务，但档案馆为社会民众服务的热潮形成于 21 世纪。在政务信息公开浪潮的推动下，我国很多档案馆普遍开展了已公开现行文件查阅服务，不断加大馆藏开放力度，积极采取有效措施为公众服务，为民生服务。基于我国现实，档案室虽然没有为公众服务的法定义务，但不少档案室也积极开展了为社会服务的行动。因此，档案馆和档案室等档案部门就是"档案服务"的主体。

档案服务社会化的基点和立场是档案部门，揭示出档案服务之"社会化"的方向和趋势——不断面向社会公众。这种社会化也是一个不断发展的过程，是档案与档案工作融入社会、服务社会的过程，本质上是档案部门服务的发展与社会对档

案需要的有机结合,使档案价值得以最大化实现。在这一基点和立场上,“档案服务社会化”指的是档案部门面向社会公众提供专业服务。

档案之社会化服务选择的基点是社会分工,揭示的是档案服务的专业分工特征。档案社会化服务是档案界关注的热点,其实践活动在全国各地如火如荼地开展着。随着我国社会主义市场经济的建设发展,经济成分日渐多元,逐步涌现出了文件档案管理的多元化需求。为满足这种需求,一种提供文件档案管理的社会化有偿服务机构——档案中介机构应运而生。档案中介机构提供的服务在我国被视为档案社会化服务的重要内容,很多涉及档案社会化服务的论文与档案中介机构及其服务相关。档案中介机构提供的是商业性、社会化的专业服务,这是从社会分工的角度来区分的。这种商业性、社会化的专业服务机构并非我国首创,早在20世纪40年代末美国就首先出现了类似机构。资料显示,1948年美国建立了第一家商业性文件中心。经过70余年的发展,商业性文件中心在国外成为提供商业性、专业性、社会化的文件管理和信息服务的服务型企业,并发展成为一种成熟的行业。

档案社会化服务的基点是社会分工,强调这种服务是档案专业领域内一种基于社会分工的服务,突出其带有的专业属性和社会属性。一方面旨在显示这种档案服务的专业性、专门化特征;另一方面可强调这种档案服务具有集中专业资源进行优化配置、经济、集约、高效的优势。

通过比较,“档案服务社会化”和“档案社会化服务”虽都是围绕“档案服务”提出的概念,但二者存在着明显区别。一方面,二者的基点立场不同。档案服务社会化是基于公共档案馆和档案室等部门的立场来理解和界定档案服务的,更关注档案服务的实施主体;而档案社会化服务是基于社会分工的角度来理解和界定档案服务的,更突出档案服务的宏观特征。另一方面。二者的承担主体特点不同。“档案服务社会化”有着明确的承担机构——档案部门;而“档案社会化服务”的承担主体更为广泛和复杂。可见,只有将二者辨析清楚,才能准确界定档案社会化服务的概念并解读其含义。

三、档案社会化服务的概念界定和含义解读

档案社会化服务概念定义为："社会组织基于社会分工，以经济、高效、优质、安全的方式提供的涉及档案的专业性、专门化和社会化的服务，与档案服务社会化的区别在于服务主体不局限于档案部门而是社会组织。"该定义既全面揭示出档案社会化服务的内涵和外延，又清晰展示出与档案服务社会化的区别。

分解档案社会化服务的定义，其含义包括三个层次。首先，档案社会化服务从本质上来说是一种服务，是满足需求方的一种活动。将服务作为档案社会化服务的属概念，清晰地界定了档案社会化服务的外延。其次，档案社会化服务是档案专业服务，其服务内容和范围都是与档案专业有关的。将档案社会化服务划归于档案专业领域，揭示了档案社会化服务的内涵。最后，档案社会化服务的最显著特征在于社会化，是立足社会分工的服务。这一界定也体现了档案社会化服务的内涵。

具体说来，档案社会化服务定义的含义可从三方面解读。

第一，档案社会化服务是一种服务。档案社会化服务是以服务为属概念的。学界对服务的理解，角度存在差异。社会学意义上的服务，是指为别人、为集体的利益而工作或为某种事业而工作。经济学意义上的服务，是指以等价交换的形式，为满足企业、公共团体或社会公众的需要而提供的劳务活动。显然，档案社会化服务所属的服务概念，更多地具有经济学意义。可见，服务是不以实物形式而以提供劳动的形式满足他人某种特殊需要的。档案社会化服务自然就是以劳动形式而不是实物形式向服务对象提供某种使用价值的过程。从这一角度看，档案社会化服务属于服务的一种，是服务的下位概念，因为其实质就是专业机构凭借其占有的资源优势，向社会各方面提供服务，满足客户特定需求的一种活动。

第二，档案社会化服务是涉及档案专业的服务。对档案定义的解释虽形形色色，但学界对档案概念已有共识。典型定义如下：一是中华人民共和国档案行业标准《档案工作基本术语》表述为："国家机构、社会组织或个人在社会活动中直接形成的有价值的各种形式的历史记录。"二是《档案学概论》（第二版）的表述为："档案是社会组织或个人在以往的社会实践活动中直接形成的具有清晰、确定的原始

记录的固化信息。”档案社会化服务的领域是在档案专业范围内，这里所指的档案是广义概念，也就是包含文件档案全生命周期的概念，即文件从其形成到销毁或永久保存的全过程都在档案社会化服务的研究范围之内。换言之，凡是与档案专业相关的工作范围，都是档案社会化服务涉及的领域，档案社会化服务与其他服务的关键不同点，就在于它的专业界限。

第三，档案社会化服务是一种社会化或者说立足社会分工的档案专业服务。社会化在社会学和政治经济学理论中的含义不尽相同。在社会学理论中，社会化是指个人与社会的一种互动过程，一种联系的纽带。通过这种互动或纽带，人们获得个性，并且学会和掌握社会的规范、观念、语言、技术以及思想和行为的一定模式。其定义是一个人获得自己的人格和学会参与社会群体的方法和社会互动过程。马克思认为的社会化，是指人类整体应有的一种社会存在状态，人类社会化是人类发展的目标。人类社会化进程首先是从生产领域开始，然后向社会的其他领域不断拓展的过程。就社会领域而言，生产社会化发展不断推动社会结构的分化和专门化，以及带来新的综合。结构功能主义学派甚至把它视为现代社会最主要的特征。

在政治经济学理论中，社会化的基础是社会劳动分工理论。该理论的主要内容如下：社会分工是指人类从事各种劳动的社会划分及其独立化、专业化。社会分工是人类文明的标志之一，也是商品经济发展的基础。没有社会分工，就没有交换，市场经济也就无从谈起。社会分工的优势就是通过擅长的人做擅长的事情，使平均社会劳动时间大大缩短，生产效率显著提高。能提供优质高效劳动产品的人就能在市场竞争中获得高利润和高价值。基于社会分工理论提出的专业服务在提高生产力和生产管理效率方面具有明显优势，主要体现在以下几点：首先，专业分工能提高劳动者的熟练程度；其次，节省工作时间和成本；最后，简化和降低劳动的复杂性。档案社会化服务就是基于社会分工的立场，顺应社会实践发展的需要而产生的一种专业性、专门化、面向社会的服务，能优化档案工作质量，提高档案工作效率。其特点和优势在于，集中和整合档案专业的资源（包括专业人才、专业制度、专业方法等）优势，为需求方提供专业化、社会化、规范化的档案服务。

第二节　高校档案社会化服务的特征

一、服务性

档案社会化服务是一项基于社会分工的专业服务，因此，档案社会化服务具有档案服务和社会服务的一般性特征。例如，档案服务的安全性、知识性，以及社会服务的客户至上性。同时，档案社会化服务还具有自身独特的服务性。档案社会化服务的服务性主要体现在以下几个方面。

第一，服务对象广泛。档案社会化服务是以社会分工为基点提出来的。与其他的社会化服务类似，档案社会化服务的对象涉及社会生活的方方面面。从一般意义上来说，现代社会的任何领域和机构，都会产生各种各样的档案。凡是有档案产生的领域或者机构，都有可能需要档案社会化服务。由此可见，档案社会化服务的对象极为广泛，包罗万象。在国内，档案社会化服务机构的服务对象多包含大型央企、国企、大型知名民营企业、政府机构（综合局馆）等多种性质的单位；涉及的行业和领域更是分布广泛，包括政府系统、能源、汽车制造、建筑房地产、军工（航空）、通信、金融保险、税务、医疗等。

第二，服务内容全面。社会实践活动中众多领域和机构产生了数量庞大的文件档案，这些文件档案都需要存储、整理、归档、检索、提供利用等服务，这每一项服务又都包含着较繁复的具体业务。例如文件管理解决方案、数字归档、在线备份、咨询服务、技术托管服务、收发室服务、成像处理、异地安全销毁等均属于文件档案服务的业务范畴。如果对业务内容进行分类，可分为档案基础型业务和增值型业务。其中，档案基础型业务包括文档搬运、装具或设备提供、文档清洁、文档整理立卷、影像载体保存、开放排架、库房管理、缩微复制、文档回收、文档销毁、硬拷贝、编制检索工具等；增值型业务包括文件管理方案设计、文档数字化、文档管理系统开发、文档管理软件设计、数据重置、灾备计划编制、电子保存、电子文件管理、信息管理、文档和信息咨询、业务外包、员工培训等。从这里可看出，档案社会化服务既包括档案实体管理,又涵盖档案信息开发,因此说,档案社会化服务是一种服务内容相当全面广泛的专业服务。

第三,服务方式多样。作为专业服务的一种类型,档案社会化服务以满足客户需求为中心,以提升服务质量为手段,以提高客户满意度为最终目标。为有效地满足客户需求,档案社会化服务包含多种多样的服务方式。档案社会化服务机构一般都具备了优良的设施和先进的技术,因此可提供多样化和个性化的服务。服务方式多样主要体现在:一切从客户的实际出发,满足不同类型的客户对文件档案管理和信息服务的个性化需求。如国内档案社会化服务机构 XX 公司在为客户提供档案管理软件服务时,前期深入客户企业,充分了解客户档案管理部门的业务流程及档案需求,有针对性地对现有软件产品进行二次开发,以满足客户的个性化需求。同时,还体现在主动服务、超前服务和开放式服务上。这也是现代社会专业分工的优势所在。

第四,服务机制新颖。档案社会化服务是一种新颖的社会化分工状态下的服务。所以,这种服务具备自身特有的服务机制。服务机制新颖主要体现在理念先进、管理科学、服务规范上,因此具备管理效益高、服务安全优质等特点。档案社会化服务作为一种新型的行业,从人才资源、专业技术、服务功能等方面都应建立起自身的一套规范体系。

二、专业性

档案社会化服务致力于提供专门化的档案服务,具有专业性的特征。这种专业性特征主要表现在以下几个方面。

第一,档案这一特定对象的专业性要求档案社会化服务的专业性。档案作为社会实践活动中直接形成的固化信息,其本身的专业特性对档案社会化服务提出了特定的要求。档案具有原始记录性、历史再现性、知识性、信息性、政治性、文化性、教育性等特点。档案社会化服务必须基于档案的本质属性即原始记录性,提供科学、安全的专业服务。

第二,档案人才的专业性决定了档案社会化服务的专业性。人是生产力中最活跃的因素。作为提供档案社会化服务的档案人员，一般都非常强调其专业知识和技能。档案社会化服务机构所录用的档案人员应是具备完善的档案专业知识和技能的高素质人才，他们拥有较全面、科学的档案学专业知识、专业眼光和专业素质。正是借助高素质档案人员的努力，才能保证档案社会化服务的专业性。如紫光慧图建立档案专业人才队伍，将专业档案咨询服务嵌入软件的销售和安装中，并积极与开设档案学专业的高校合作交流，提升自身人员的专业知识，从而提升了其所提供的服务的专业性。

第三，档案业务的专业性凸显了档案社会化服务的专业性。档案管理是一项专业管理活动，其业务内容具备很强的专业性。档案从收集、整理、鉴定、保管到编研和利用服务的各项管理环节，都需要专业知识和技能。如果不具备专业知识和技能，社会组织是很难提供档案社会化服务的。

三、知识性

由于档案社会化服务隶属于现代服务业，而现代服务业区别于其他产业和传统服务业的重要特征即知识密集程度高，具体体现在两方面。一方面，知识资源是现代服务业发展壮大必需的主要资源。现代服务业人力资本、知识资本投入是整个行业要素投入结构的核心，能带来产品价值显著增加的也是这部分软性投入。因此，从档案社会化服务要素投入的角度看，其投入表现出高知识密集度的特性。

另一方面，档案社会化服务的产出也具有高知识密集度的特点。为消费者提供档案实体管理和基于此的知识的生产、传播和使用服务是其核心产品，档案信息和知识在这个服务过程中实现增值。在企业经营上，档案社会化服务机构依托电子信息等高科技，将信息化与现代经营理念结合，从投入、产出到管理流程的特点，均体现出知识密集程度高的行业特征。

四、效益性

社会分工是社会进步的必然途径，符合人类历史的发展潮流。社会分工是指人类从事各种劳动的社会划分及其独立化、专业化。现代社会专业分工之所以越来越突出,正是因为专业分工实现了高效益。档案社会化服务是现代社会专业分工中的一个分支,毋庸置疑,档案社会化服务有着明显的效益性。通过实践调查和理论研究,笔者发现档案社会化服务的效益性不仅体现在宏观层次的社会资源优化配置上,更体现在微观层次的档案工作和档案服务上。

从宏观层次来看,档案社会化服务是一种规模化、规范化的服务,能有效地节省社会资源,提高服务效率,开拓服务渠道,最终实现社会资源的优化配置。对于档案专业人员而言,档案社会化服务的发展有助于提升档案知识运用于实际的效率,达到人尽其用的目的;对于档案服务对象而言,这种集约化的服务有利于实现科学的管理和利用,满足了社会对档案信息的需求;对于社会建设而言,档案社会化服务不仅有助于提升全社会的档案服务水平,更有利于提高社会的档案意识,便于人类历史记忆的保存,促进社会主义文化建设的发展。不管从什么角度来说,档案社会化服务的效益性都非常显著。

从微观层次来看,档案社会化服务有助于实现更加高效的档案工作和档案服务。档案工作的最主要目的就是有效开发档案信息资源,实现社会共享,最大限度地服务于社会。现代社会的档案工作和档案服务两者在很大程度上实现了有机统一。档案社会化服务作为一种面向社会的专业服务,每一服务环节都体现了档案管理的要求和宗旨,有效地优化了档案工作环节,实现了更为优质、精细、灵活的微观层次的档案工作和档案服务。同时,档案社会化服务主体借助自身服务创造了巨大的财富。

综上所述,档案社会化服务具有服务性、专业性、知识性、效益性四个方面的特征。这四个特征是一个相互依存、不可分割的有机整体。服务性是档案社会化服务的本质属性,是实现档案社会化服务之专业性、知识性、效益性的前提和基础;专业性是档案社会化服务的特有属性,是实现档案社会化服务之服务性、知识性和效益性的有效途径和手段;知识性和效益性是档案社会化服务的优势所在,是实现档案社会化服务之服务性和专业性的既定目标。

第三节　高校档案社会化服务的理论基础

基于社会分工的档案社会化服务,目前国内外均已有了一定的实践发展,但对于档案社会化服务产生的原因和依据,学界的探讨却并不深入。现从档案社会化服务的理论依据和实践条件两方面进行分析,探讨档案社会化服务存在及发展的依据。

一、档案社会化服务的理论依据

档案社会化服务的含义包括三个层次:首先,档案社会化服务是一种服务,是服务的下位概念;其次,档案社会化服务是涉及档案专业的服务,其服务内容和范围都与档案专业有关,档案社会化服务与其他服务的关键不同点,就在于它的专业界限;最后,档案社会化服务是社会化或者说立足社会分工的服务,是基于社会分工的立场,顺应社会实践发展的需要而产生的一种专业性、专门化、面向社会的服务,其特点和优势在于集中和整合档案专业的资源(包括专业人才、专业制度、专业方法等)优势,为需求方提供专业化、社会化、规范化的档案服务。服务—档案专业服务—社会化的档案专业服务,这种外延范围就为笔者提供了探寻档案社会化服务理论依据的基本思路。

档案社会化服务的理论依据主要涉及现代服务业领域、档案专业领域、社会分工领域和公共管理领域。首先,档案社会化服务从服务产业分布来看隶属于现代服务业,因此现代服务业中的服务外包理论成为其理论基础;其次,档案社会化服务是一种专业的档案服务,档案学专业领域内的文件生命周期理论也是其有力的支撑;再次,档案社会化服务是一种基于社会分工的服务,因此政治经济学中的社会分工理论可为其提供依据;最后,档案社会化服务是一种面向大众的服务,其实践发展也可得到公共管理学中相关理论的支持。

(一)基于现代服务业的理论——服务外包理论

服务业在20世纪作为一个完整的概念提出,早期被称作第三产业。“第三产业”这一概念最早由英国经济学家阿·费希尔提出,英国经济学家克拉克在 1957 年以“服务性行业”代替了“第三产业”概念。根据服务业排他式定义,凡不能划入农业和工业的产业部门全部划归服务部门。

“现代服务业”一词在我国最早出现于 1997 年党的十五大报告中,中长期科技发展规划将其定义为“是在工业化比较发达的阶段产生的,主要依托信息技术和现代管理发展起来的信息和知识相对密集的服务业”。其主体是为了适应现代社会发展特征和要求而提供市场化服务的部门。既包括伴随着信息技术和知识经济的发展而产生的新兴服务业,又包括利用现代信息技术、经营理念、管理模式和服务方式改造传统服务业而促成的服务业升级。其特征在于:建立在信息基础设施之上;将信息技术和知识融入服务的各环节;实现了客户服务的集成化、定制化、精准化;服务内部管理实现了精准化运作、精确化管理、协同化创新。显然,档案社会化服务符合现代服务业的相关特征要求。

服务外包的理论思想可溯及英国经济学家罗纳德·科斯和美国经济学家奥利弗·威廉姆森的“交易费用”,分析途径沿着“交易成本—采购—外包”的脉络不断发展。外包依据转移活动对象的差异可分为制造业外包和服务外包。如果转移对象属于制造加工零部件或某种组装、总装活动则是制造业外包;如果转移对象是作为投入的服务性活动则是服务外包。服务外包是把原来在企业内部提供的服务性投入活动,通过正式或非正式的“服务水平合约”转移给外部厂商去完成的现象。服务外包使原先通过企业内部协调组织的服务性投入活动,转变为通过市场合约方式联系的活动。

按业务内容划分,服务外包主要分为信息技术外包(ITO)和业务流程外包(BPO)。前者是指企业向外部寻求并获得包括全部或部分信息技术类的服务,服务内容包括系统操作服务、系统应用服务、基础技术服务等。后者是指企业将自身基于信息技术的业务流程委托给专业化服务提供商,由其按照服务协议要求进行管理、运营和维护服务等。服务内容包括企业内部管理服务、企业业务运作服务、供应链管理服务等。

档案社会化服务的内容包括档案业务流程外包,是现代企业的一种经营战略,有助于简化职能结构,降低经营成本。而提供此类服务的专业机构和部门亦可获得规模经济效应,以较低成本提供更多服务。

(二)基于档案学的理论——文件生命周期理论

在国外,档案社会化服务的最佳实践范例是一种提供档案专业服务的商业化机构——商业性文件中心。而商业性文件中心作为文件中心的一种形式,是效仿政府文件中心的产物,具有文件中心的基本职能和作用。

文件中心是基于文件生命周期理论的最佳实践。文件生命周期理论的基本内容包括三点:第一,文件从其形成到销毁或永久保存是一个完整的运动过程;第二,文件的完整运动过程由于文件价值形态的变化可划分为若干阶段;第三,文件在每一阶段因其特定的价值形态而与服务对象、保存场所、管理形式之间存在一种内在的关系。文件生命周期理论将文件视为广义概念,包括现行文件、半现行文件和非现行文件。现行阶段的文件因机关需要频繁利用,一般保存在机关内部,服务对象以本机关为主。非现行阶段文件对机关的作用基本丧失,其中大多数因为没有历史价值而被销毁,少数具有永久保存价值的文件则需永久保存,保存场所转移至档案馆,服务对象由机关扩展到社会各界。而对于半现行阶段的文件,现行作用已开始衰退,利用率也逐渐降低,服务对象仍以机关为主,但文件的历史价值尚未得到检验,不宜过早销毁或移交到档案馆,因此这一阶段需要一个过渡性保管机构集中保管。文件中心正是保管这些半现行文件的最佳场所,既能满足机关自身的利用需求,又能检验文件是否具有历史价值,并且其经济实用的独特优势能充分满足机关低成本、高效率的要求。

而商业性文件中心也同样是基于文件生命周期理论的完美实践。一方面,商业性文件中心符合文件生命周期理论阶段式有效管理的要求。文件生命周期理论要求为各阶段文件找到最适宜的保管场所和管理方法。商业性文件中心正是对文件实施阶段性管理的机构。它依托先进的科技为半现行文件提供集成化、专业化的管理,使文件在商业性文件中心内部得到安全、高效的管理,成本更低,效率更高,更加经济实用。因此可以说,商业性文件中心是企业现行文件最佳的保管场所,符合文件生命周期理论对文件阶段式管理的要求。另一方面,商业性文件中心突出地体现了文件生命周期理论全过程管理的思想。商业性文件中心的服务对象主要是企业,企业出于效益的考虑要求商业性文件中心对其文件进行全过程管理并提供全方位服务。从文件的生成、管理、维护到最终处置,整个过程均由商业性文件中心进行高效管理。总之,文件生命周期理论正是商业性文件中心产生和发展的理论基础和科学依据,也是档案社会化服务的理论依据之一。

当然,文件生命周期理论并非国外独有,尽管我国迟至 20 世纪 80 年代后期才开始明确采用“文件生命周期理论”的提法,但这一理论的思想火花早在 20 世纪 30 年代就已萌发,当时的一些学者就提出文书和档案实属同一事物,是同一事物的两个阶段。

文件档案作为国内外共有的事物,其运动规律是客观存在的,科学阐释文件运动规律的文件生命周期理论或文件运动周期理论的适用性也无国界之分,可为我国的档案社会化服务提供专业领域的理论支撑。

(三)基于政治经济学的理论——社会分工理论

社会分工的思想的提出源自古希腊著名哲学家柏拉图。在柏拉图看来,劳动分工是自然的或天赋的要求,上天赋予人们不同的天分,要求人们从事不同的职业。

事实上,现代社会分工理论认为,社会分工是指人类从事各种劳动的社会划分及其独立化、专业化的过程。社会分工是超越一个经济单位的社会范围的生产分工,包括社会生产分为农业、工业等部门的一般分工,以及把这些大的部门再分为重工业和轻工业、种植业和畜牧业等产业或行业的特殊分工。社会分工是人类文明的标志之一,也是商品经济发展的基础。没有社会分工,就没有交换,市场经济也就无从谈起。社会分工的优势就是让擅长的人做自己擅长的事情,使平均社会劳动时间大大缩短,生产效率显著提高。能提供优质高效劳动产品的人才能在市场竞争中获得高利润和高价值。

当然,对于档案服务来说,目前许多政府机构、企业、组织内部设立了档案馆、档案室等,为其提供基本的档案服务。但科学技术的发展,生产力的提高,促进了社会分工,档案服务职能的分工也越来越细化,对档案服务机构的人员、设备、安全等多方面提出了更高的要求。例如,社会不仅需要会进行收集、整理、鉴定、保管等传统档案管理的人才,还需要越来越多的专门人才来承担档案数字化、档案管理软件的开发维护、电子文件长久真实保存等诸多工作。

鉴于目前我国企事业单位内部的档案机构专业化程度一般较低,且对于档案管理的需求有相似性,如果这些不同的组织都能将其内部专业化程度较低的档案管理工作交给社会上专业化程度更高的档案服务机构来负责,则具有两方面优势:一方面,有利于提高档案管理的专业水平和工作效率;另一方面,可减少自行雇用人员、配置设备的费用,降低人力物力成本,有利于实现资源的优化配置,更为经济节约。因此,从社会分工理论角度看,档案社会化服务就是让专业机构做自己擅长的事,提供优质高效的档案服务产品,与不同的组织实现共赢。

(四)基于公共管理学的理论

公共管理学,是运用管理学、政治学、经济学等多学科理论与方法专门研究公共组织,尤其是政府组织的管理活动及其规律的学科群体系。档案服务是一种面向社会大众的公共服务,虽然目前提供档案服务的主要仍是政府机构,但“公共性”不等于“政府性”,政府并非“公共性”的唯一代言人。国外自20世纪80年代初期开始,政府解决公共问题的能力不足开始显现,行政权力的扩展和政府的过分介入,阻碍了市场的内在动力。因此,为减少施政成本并增强服务功能的“政府再造运动”成为焦点,并形成了一系列理论,公共管理学中的新公共管理理论、公共选择理论等都可为档案社会化服务提供有力的理论支持。

1. 新公共管理理论

新公共管理理论的倡导者之一英国学者克里斯托弗·胡德,将新公共管理概括为七个要点:①政府部门应专业化管理;②政府部门要有明确的绩效评估标准和测量;③强调对产出结果的控制,即重视实际绩效成果更甚于过程;④打破传统政府部门的本位主义,使原来庞大的组织规模分散成为围绕不同公共产品和公共服务的企业化的单位;⑤将市场的竞争机制引进政府部门;⑥重视私营部门的管理务实风格;⑦强调成本概念和纪律,特别是资源的有效运用。

新公共管理理论主张,在公共管理中采纳企业化的管理方法来提高管理效率,引入市场竞争机制来提高服务的质量和水平,强调在提供公共利益和服务时,除了拓展和完善官方机构之外,其他机构也可承担所有这些职能,公众究竟选择哪种方式则取决于哪种方式更经济高效。

2. 公共选择理论

公共选择理论简单来说就是将经济学应用于政治学、法学、行政管理、公共政策等其他社会科学与政策研究领域。美国著名经济学家詹姆斯·布坎南首创了公共选择理论,他认为每个人都是理性"经济人",都关心个人利益,追求最大效用,政府的行为也是如此。政府官员和政府组织都是理性自私的经济人,他们会在政治市场上以追求自身利益最大化为出发点,并不断扩大组织规模甚至出现垄断,从而忽视公众的实际需求,结果导致官僚体系的无效率或过度生产、公共服务需求的供给不足或供给过度的现象。基于此,提高政府的服务效率和服务质量,必须打破政府的垄断地位,将政府的一些服务职能释放给市场和社会,建立公私之间的竞争。

通过以上对新公共管理理论和公共选择理论基本观点的介绍,不难看出这两个理论的主张为档案社会化服务的实践提供了有力支持。一方面,新公共管理理论要求在公共服务中引入企业的管理模式,实现更经济高效的服务,而档案社会化服务正是基于社会分工的视角,通过集中社会资源,提供专业高效的档案服务,从而提高档案服务的整体水平。另一方面,公共选择理论主张对于某些公共服务,政府应释放职能给社会,让更有效率的市场机制参与其中。而档案社会化服务正是强调提供专业化档案服务的不仅仅是档案局馆,更多其他档案服务机构也可提供这些服务,并且以集约高效的优势吸引公众,实现档案服务供给方式的多元化、专业化。目前来看,档案社会化服务的产生和蓬勃发展,从一定程度上印证了新公共管理理论和公共选择理论的观点。

综上所述,档案社会化服务的提出可找到公共服务领域的一些新理论作为依据,新公共管理理论、公共选择理论的主要观点均支持档案社会化服务的产生和发展,在全社会范围内,不仅依赖政府来满足档案服务的需求,也鼓励民间企业机构提供专业化的服务。

二、档案社会化服务的实践条件

档案社会化服务的实现既需要社会出现一定的需求，更需要具备一定的实践条件，即本书研究的档案社会化服务不仅包括必要性，也包括可行性。档案社会化服务的实践条件主要包含两个方面——社会因素和专业因素。其中，社会因素又分为经济发展水平、政治环境、法制环境、社会分工状况和技术条件等，而专业因素主要是指档案实践的发展。下面将对以上提到的诸方面进行具体阐述。

（一）社会因素

社会因素的综合发展对档案社会化服务既提出了较强烈的需要，又为档案社会化服务奠定了较坚实的实践基础。

1. 经济发展水平

社会经济的发展不仅催生了档案社会化服务的需求，也在一定程度上为档案社会化服务奠定了物质基础。

经济发展推动档案社会化服务的产生，特别是社会主义市场经济建设直接导致档案社会化服务的出现。我国是以生产资料公有制为基础的社会主义国家，以公有制为主体、多种所有制经济共同发展是我国现阶段的基本经济制度。改革开放 40 多年来，我国的经济建设取得了长足发展，社会分工更加细化，社会联系更加紧密，社会现象更为复杂，不确定性增强。因此，社会对档案存储、归档、利用、数字化等方面的服务需求日益增加。近年来，我国社会主义市场经济得到了进一步发展，对价值和效益的重视推动了档案社会化服务的出现。经济体制改革是全面深化改革的重点，核心问题是处理好政府和市场的关系，使市场在资源配置中起决定性作用，同时更好地发挥政府作用。建设统一开放、竞争有序的市场体系，是使市场在资源配置中起决定性作用的基础。必须加快形成企业自主经营、公平竞争，消费者自由选择、自主消费，商品和要素自由流动、平等交换的现代市场体系。着力清除市场壁垒，提高资源配置效率和公平性。总之，档案社会化服务是经济发展的结果。

同时,经济发展水平的提高是档案社会化服务的直接动力。档案服务的发展需要社会生产提供一定的物质基础。社会主义市场经济条件下,我国社会生产力有了极大的发展,由此改善了档案服务的物质条件和管理手段,为充分进行档案社会化服务奠定了良好的物质基础。在这样的环境下,适度开展档案社会化服务,符合档案的自身发展规律,有利于充分发挥档案作为社会资源的重要价值。档案工作旨在满足人类意识形态的需要,相对具体的物质生产部门而言,对档案的需要是社会更高层次的需要,所以档案服务的发展必须与社会经济相适应。目前,我国的经济建设取得了很多成果,步入了全面建设小康社会的阶段,档案服务具备了进一步发展和提高的可能。

总的来说,经济发展水平的提高与档案社会化服务存在着如下互动关系:档案社会化服务是经济发展水平提高的诉求与结果;经济发展水平的提高是档案社会化服务的基础与动力。

2. 政治环境

从宏观角度来看,政治文明的进步是档案社会化服务的重要保障。档案是人类文明的伴生物。美国著名档案学者 T. R. 谢伦伯格认为,档案是一个政府借以完成其工作的基本形成工具,是政府机构赖以建立的基础。

科学的宏观调控与有效的政府治理,是发挥社会主义市场经济体制优势的内在要求。必须切实转变政府职能,深化行政体制改革,创新行政管理方式,增强政府公信力和执行力,建设法治政府和服务型政府。

如今,在政府职能尚未完全转变的情况下,档案行政管理部门要本着“让利于民”的思想,逐步把具体档案工作的微观指导职能让出来,更好地发挥档案社会化服务机构在推进档案专业社会化服务中的积极作用。比如可适当参照审计制度,将一些档案年度检查或阶段性验收工作委托档案社会化服务机构进行,在制度设计、整理方案和评估报告等环节中增强社会化服务机构的权威性和公信力。服务型政府要求不断地简政放权,即形成小政府、大社会的局面。这样的需求为档案社会化服务的实践提供了很大的空间。档案工作历来与国家的政治制度和政策相联系，是一项政治性较强的工作。我国中国特色社会主义政治发展取得了巨大成就，政治民主化、公开化、法治化、科学化程度不断提高，政治稳定，科学民主，社会政治文明的极大进步为档案社会化服务提供了基础性的保障。

从微观角度来看，目前的行政环境是档案社会化服务得以发展的保证。这里提到的行政环境不仅包括具体的档案行政环境，更包括社会其他方面的行政环境。就档案行政环境而言，档案法律法规不断建立和完善，档案工作标准化逐步开展，档案机构建设深化，档案事业管理体制在探索中稳步发展，这一切都为档案社会化服务的开展奠定了良好的行政基础。同时，社会其他方面的行政环境也在逐步建立和完善。随着开放档案方针的进一步贯彻落实，档案服务必将与社会其他各项服务取得更加紧密的联系，档案社会化服务的程度将日益提高。

3. 法制环境

在市场经济建设过程中，各行各业都离不开法制环境。档案社会化服务的发展同样受到法制环境的保障和推动。

档案社会化服务因属于服务行业，而服务行业又属于第三产业的一部分，因此所有有关支持第三产业及现代服务业发展的法律法规都能在一定程度上为档案社会化服务的发展提供法律支持。1992 年 6 月《中共中央、国务院关于加快发展第三产业的决定》出台；1993 年 3 月国务院批转了《国家计委关于全国第三产业发展规划基本思路的通知》；同年 4 月《国家税务局关于促进第三产业发展有关所得税问题的暂行规定》出台。这些法规都为我国第三产业的发展提供了良好的政策支持，也对档案社会化服务的产生和发展起到了推动作用。2010 年《国务院关于加快发展服务业工作情况的报告》出台；2013 年 7 月《商务部现代服务业综合试点协调小组办公室关于现代服务业综合试点相关工作的通知》《国家发展改革委产业协调司征集促进新兴服务业发展政策建议的公告》等连续出台，无疑都为服务业的发展带来新的发展机遇与动力。

此外，我国还出台了一些鼓励社会化服务发展的法律法规，也为档案社会化服务的产生和发展提供了法制保障。2000 年《关于培育中小企业社会化服务体系若干问题的意见》出台，在全国范围内促进了中小企业的社会化服务。之后，一些地方政府也做出回应，河北省出台了《河北省人民政府关于加强中小企业社会化服务体系建设的意见》，江苏省也出台了《加快全省中小企业社会化服务体系建设的指导意见》，这些旨在推动社会化服务体系建设的法规，也为档案社会化服务提供了有利的机遇。

4. 社会分工状况

如前所述，社会分工是人类文明的标志之一。马克思主义认为，社会分工是在社会发展到一定阶段上产生的。真正意义上的社会分工是原始社会后期出现的。那时由于人口的增长和生产的进一步发展，出现了三次社会大分工，包括农业和畜牧业的分离、农业和手工业的分离以及商人的出现，促进了社会发展。社会分工的优势就是让人做自己擅长的事情，缩短平均社会劳动时间。实践发展证明，社会分工有利于提高社会生产率，增加社会财富。

进入 21 世纪，社会分工得到了更充足的发展，根据我国国民经济行业分类标准（GB/T4754-2017）的划分，现有社会行业分为 20 个门类，包括 97 个大类、473 个中类以及 1380 个小类，可见社会分工在不断细化和深化。社会分工的优势在许多行业得到了淋漓尽致的发挥和体现，如会计师事务所、律师事务所、家政服务公司以及人力资源外包公司等。笔者通过研究发现，了解以上四类典型服务机构对于本书研究具有很大的借鉴意义。

在市场经济条件下，会计师事务所得以存在并得到极大的发展。会计师事务所是指依法独立承担注册会计师业务的中介服务机构。在西方发达国家，会计师事务所不仅数量庞大，而且尤其注重质量，重视企业形象和行业信誉，为保证良好的社会经济秩序发挥了积极的作用。在我国，随着社会主义市场经济的初步建立和发展，会计师事务所纷纷涌现，数量极为可观，提供的服务日趋专业化、效益化，在社会经济生活中发挥了重要的作用。会计师事务所这种基于社会分工而产生的专业性会计机构，为企业和其他组织提供了优质高效的会计服务，体现了社会分工在会计领域的优势。

我国在 1980 年恢复了律师制度。律师业经过 40 余年的发展，取得了许多成果，尤其是律师事务所在整体上已形成了一定规模。律师事务所作为一种律师服务机构,是专业律师向社会提供法律服务的机构。律师事务所在规定的专业活动范围内,可接受中外当事人的委托,提供各种法律服务。近年来,律师事务所的服务不仅包括计划管理、经济核算、激励机制建立,而且包括系统管理、公司化的业务流程管理、公司化的质量和跟踪服务管理等。通过规章制度的建立和管理制度的创新,律师事务所在很大程度上对社会法律资源进行了整合和利用,极大地发挥了社会分工的专业性和高效性。

家政服务公司是指由专业家政服务人员提供如室内外清洁、月嫂服务、钟点服务等的家政服务,将部分家庭事务社会化、职业化的社会营利组织。家政服务公司的发展,有利于帮助家庭与社会互动,构建家庭规范,提高家庭生活质量。目前,我国家政服务业已初具规模,众多家政服务公司如雨后春笋般出现在各个城市,有些甚至已形成品牌,服务范围日益扩大,内部分工更加精细,服务内容开始分级。这种专业化的家政服务,很大程度上节约了社会资源,促进了社会发展。

人力资源外包是一种优化的人力资源管理方式。公司等组织实行人力资源外包有助于降低运营成本、节省时间、改善业务焦点、增加管理控制、提高核心竞争力等。人力资源外包公司面向社会提供了专门化的人力资源服务,这种服务一般也是高效、优质的,减少了公司的招聘、培训等方面的压力,是一种低成本、高效益的专业性服务,体现了社会分工不可替代的优势。

上述这四类典型社会化服务机构的建立和不断发展壮大,突出地显示了社会分工的优势。可见,社会分工的优势不仅在于节约社会资源,更在于提高社会效益。而随着社会分工的进一步发展,档案领域也或多或少受到了影响。一方面,社会分工迫切需要档案工作密切协作,更好地开展各项档案服务,使其成为社会发展不可或缺的重要组成部分,这对档案社会化服务提出了很高的要求。另一方面,社会各行业的分工、档案工作内部的分工,越来越精细,越来越专业,为档案社会化服务的开展奠定了一定的物质基础。可以说,社会分工的发展不仅对档案社会化服务提出了必要性要求,更是提供了较良好的可行性条件。

同时,通过对上述四种基于专业分工的社会服务的分析,笔者做出如下总结:第一,社会分工在很多领域具有十分明显的优势;第二,社会分工在专业领域的开展，需要许多方面的支持，例如，法律法规的建立、市场经济制度的完善、社会意识的发展等，目前档案领域已在一定程度上具备了这些条件；第三，社会分工优势之所以能完整地发挥出来，需要该专业领域提供高效优质的服务。由此可见，基于专业分工的档案社会化服务具备了良好的社会环境和专业环境，具有明显的必要性和可行性。

5. 技术条件

信息技术、信息社会和信息产业的发展，对档案服务提出了新的、更为强烈的诉求，这种诉求极大地体现在对档案社会化服务的呼吁上。同时，信息技术、信息社会和信息产业的发展，也为档案社会化服务提供了技术动力和环境保障。

（1）信息技术在档案部门广泛应用

计算机技术、缩微技术、复印技术、网络技术和通信技术的迅速发展和广泛应用，为档案社会化服务提供了物质基础和技术保证。从 20 世纪后期开始，信息技术逐渐应用于各地办公部门与档案部门的业务工作之中，从而对传统的档案管理与档案信息资源开发手段与方式造成了极大的冲击，大大改变了档案工作的面貌。新技术的应用，消除了人们在地域空间上利用档案的障碍，加强了地区与地区以至国家之间的协作，还为用户提供更快捷、更便利、更有效的档案服务。同时，新技术的应用在很大程度上降低了档案服务的成本，提高了档案工作的效率。只有将这些先进的现代科学技术普遍应用于档案工作实践中，档案社会化服务才能体现出自身特有的优势。

（2）信息社会不断发展，信息产业不断壮大

科学技术的重大进步，将人类社会推进到了信息社会，出现了信息产业。信息产业是伴随着现代科技的不断发展而迅速崛起的一种新兴产业，它的出现是社会分工进一步细化的必然结果。在欧美等西方发达国家，信息产业早已被视为现代生活中一个不可缺少的重要组成部分，成为跃居传统产业之上的最大产业之一。信息社会背景下，档案作为一种重要的社会信息资源，发挥着自身不可替代的作用。因此，档案信息资源的开发利用，得到了人们的极大关注。档案社会化服务正是在这样的条件下，以自身独有的优势出现。

(二)专业因素

本书涉及的专业因素主要是指档案实践的发展。而档案实践的发展主要体现在以下五方面,即档案工作内容、档案意识、档案机构、档案人员和档案法规政策。

1. 档案工作内容

众所周知,档案工作最主要的目的就是要有效地开发档案信息资源,变档案的潜在价值为现实价值,实现社会共享,最大限度地服务社会。档案工作内容随着社会的发展发生了许多变化。首先,档案工作的内容不断拓展和丰富。广义上的档案工作包括档案管理工作、档案行政管理工作、档案教育工作、档案科学研究工作、档案宣传工作、档案国际合作与交流工作等。狭义上的档案工作指档案管理工作,基本内容包括:档案的接收与征集、整理、鉴定、保管、编目与检索、编辑与研究、统计和利用服务等。其次,随着社会信息化程度的不断提升,各种信息技术不断地应用于档案工作,与档案工作内容紧密结合。经调查发现,从改革开放至今,从第一台计算机的诞生到互联网的普及应用,我国各级各类档案局馆经历了档案管理软件开发利用阶段、档案数字化和档案信息资源建设阶段,进入了档案信息网络建设阶段。总之,目前我国的档案工作已达到一定水平,为档案社会化服务的开展提供了非常有利的实践条件。

2. 档案意识

档案意识包括社会的档案意识,也包括档案界的社会意识。档案意识的提高既对档案社会化服务具有了强烈的需求,又保证了档案社会化服务的开展。档案工作的开展影响着档案意识。人们逐步认识到:档案不仅是历史的凭证,而且是国家重要的信息资源;不仅是个人和单位的文化财富,而且是国家和社会的文化财富。档案工作是社会主义现代化建设不可缺少的重要组成部分,是维护党和国家历史面貌的重大事业。因此,档案工作不仅仅是档案人员和档案部门的事,而且越来越受到国家和整个社会的关注,民众越来越重视在社会活动中形成的各种档案,较自觉地维护档案的完整与安全,并重视档案信息的开发利用,充分发挥档案在社会主义现代化建设中的重要作用。这为档案社会化服务的发展提供了较良好的意识基础。

3. 档案机构

随着社会分工的不断细化,目前我国的档案机构不仅包括公共档案馆、内部档案机构、档案行政机构等传统意义上的档案机构,还包括了以文件中心、档案寄存中心、档案事务所、现行文件资料中心等为突出代表的新型档案机构。传统档案机构在档案工作中发挥了重要的作用:一方面,长久保存社会活动中形成的有价值的档案,维护党和国家历史真实面貌,满足科学研究和各方面工作利用需求;另一方面,制定和完善制度法规,开展业务指导,完善基层的档案管理工作。新型档案机构的建立在推动我国档案工作的开展中正发挥着积极作用。这些机构提供的服务内容既涉及文档的运送、日常管理、安全保存、鉴定销毁等传统服务项目,又包括文档数据恢复、文档管理软件设计、文档管理系统开发、知识管理等新型服务项目,很好地填补了市场空白,一定程度上缓解了企事业单位(特别是民营企业)的文件档案管理压力,满足了客户需求,为档案社会化服务提供了可靠的保证。

4. 档案人员

首先,从 20 世纪 80 年代开始,我国档案教育经历了一个大规模、实质性发展的阶段。蓬勃发展的档案教育,为我国培养了一大批高素质的档案专业人才。从人员数量上看,我国现有大约 100 多万的档案从业人员,数量优势较明显。人是生产力中最活跃的因素,正是档案专业人才队伍的建设和优化,才为档案社会化服务提供了人才保证。其次,在众多新型档案机构中,一批公关能力强、管理水平高、档案专业技能硬的专门性高级人才为开展优质高效的档案服务发挥了主力军的作用,档案人员的专业素质有了明显的提升。档案社会化服务已具备了一定的人才储备。而不管是档案专业人员的数量增多,还是档案人员的素质提高,都是档案社会化服务开展的必要条件。

5. 档案法规政策

档案社会化服务的产生和发展会受到相关法规政策的影响。目前,国内外制定或颁布的档案法规政策对档案社会化服务的开展具有保障、规范和推动作用。

国外的法规政策包括若干层次,既有相关的国际组织标准和国家法规,又有档案社会化服务行业的规范,还有档案社会化服务机构自身的制度,它们互相补充,为国外档案社会化服务的顺利发展提供了专业法规政策环境。相比之下,我国档案社会化服务的法规建设主要局限在地方层面,还未上升到国家层面或行业高度。据了解,上海、北京、安徽、辽宁、黑龙江、河北、湖南等省市已制定了专门针对档案中介机构的地方法规政策,这些法规政策尽管存在内容笼统、规定不够清晰等不足,但它们也为我国档案社会化服务的良性发展起到保障和规范作用。

第四节　高校档案公共服务的功能

明确档案社会化服务的原则,首先必须了解档案社会化服务能做什么,也就是档案社会化服务的功能。以此为依据,才能更好地提出档案社会化服务的原则,保障档案社会化服务健康、稳定和持久发展。

一、档案社会化服务的功能

按照《现代汉语词典》(第七版)的解释,功能是指"事物或方法所发挥的有利的作用;效能"。档案社会化服务的功能显然是指档案社会化服务能发挥什么有利的作用,也即档案社会化服务的效能。对档案社会化服务功能的分析需要以档案社会化服务的业务内容为依据。

商业性文件中心是国外档案社会化服务机构的典型代表。其业务内容在国际文件与信息管理服务行业协会曾有明示,包括文档搬运、装具或设备提供、文档清洁、文档整理立卷、影像载体保存、开放排架、库房管理、缩微复制、文档回收、文档销毁、硬拷贝、编制检索工具、文件管理方案设计、文档数字化、文档管理系统开发、文档管理软件设计、数据重置、灾备计划编制、电子保存、电子文件管理、信息管理、文档和信息咨询、业务外包、员工培训等。这些业务中既有传统的业务,特点是劳务成分较多,偏重文档的搬运、代存和日常管理;又有现代的业务,特点是智力成分突出和技术水平先进,偏重电子文件管理,并提供文件、信息管理方面的咨询和培训服务。国内档案社会化服务机构的业务名称尽管与国外不尽一致,但同样存在传统的与现代的业务的区分。

档案社会化服务的功能从不同角度出发,可划分为不同类型。笔者主要选择“服务层次和特点”这一标准,将档案社会化服务的功能区分为基本功能与拓展功能,也可理解为传统功能与现代功能。

(一)基本功能

档案社会化服务的基本功能多是指传统纸质文件档案的实体管理,主要特点是基础特色浓、劳务成分大而且技术含量相对较低。档案社会化服务机构往往以先进的运输设施、空间充足的库房和齐全的文档保管设备招揽客户,涉及文档搬运、装具或设备提供、文档清洁、文档整理立卷、影像载体保存、开放排架、库房管理、缩微复制、文档回收、文档销毁、硬拷贝、编制检索工具等传统业务。可见,围绕文件档案实体展开的管理,诸如文件档案的搬运、保管、寄存、扫描、备份、销毁,以及制订文件档案保管方案,对文件档案进行整理、鉴定、评估,编制检索工具,制订保管期限表,统计,灾备计划编制等,都属于档案社会化服务的基本功能。

(二)拓展功能

档案社会化服务的拓展功能多是指借助技术和智力优势提供的档案信息服务的功能,特点是现代化程度高、智力成分突出而且技术含量相对较高,多指向电子文件管理和档案信息内容服务,还包括文件、档案和信息管理方面的咨询和培训服务。档案社会化服务机构大多借助技术和智力优势,提供文件管理方案设计、文档数字化、文档管理系统开发、文档管理软件设计、数据重置、电子保存、电子文件管理、信息管理、文档和信息咨询、业务外包、员工培训等现代业务。可见,针对电子文件等新型载体提供的服务、针对文件档案内容所做的信息资源开发和知识服务,以及档案专业领域内的咨询和培训都属于档案社会化服务的拓展功能。

具体而言,档案社会化服务的拓展功能主要分为四类。

1. 技术支持功能

档案社会化服务的技术支持功能是指利用较为先进的技术手段,为用户提供以电子文件为代表的新型载体档案的管理和服务。具体业务包括电子文件管理、文件档案管理系统的开发、文件档案管理软件的设计、数据重置与恢复、数据销毁等(技术支持的目的在于满足客户管理电子文件或其他新型载体档案的需求,提高信息化水平)。国外知名商业性文件中心铁山公司(Iron Mountain)的技术支持功能自不用多说,水平已达相当程度;就连国内档案社会化服务机构也把技术支持作为一项重点业务着力发展。大力发展档案社会化服务的技术支持功能,为客户提供的虚拟文档管理服务,解决了客户信息化管理的后顾之忧;为客户提供的文档管理系统以及管理团队的后备支持,使客户无须购买服务器和软件,无须配备专业技术人员。

2. 信息服务功能

档案社会化服务的信息服务功能是指针对文件档案内容提供的信息资源开发和知识服务。档案社会化服务机构借助专业知识,按照用户需求,对文件档案的信息内容进行加工、挖掘和开发,提供各种类型的目录库、参考报告或编研产品等,帮助客户进行决策或文化建设,满足客户的信息管理和知识服务需求。信息服务具有不同层次:一般层次是对档案中的显性知识进行整理、加工和研究,形成信息库和数据库;更高层次是帮助客户进行档案知识管理,基于文件档案库构建知识库,提供知识服务。

3. 专业咨询功能

档案社会化服务的专业咨询功能是指借助专业化的人才、知识和技术,根据客户需求,提供专业咨询服务。咨询范围主要有专业法律咨询和业务咨询两个方面。前者提供宏观层面的档案法律法规,以及微观层面的档案工作规范、制度、标准等方面的信息咨询。后者是针对客户的具体需求,提供档案库房建设、档案管理体系建立、档案管理方案编制、档案信息资源开发等诸多方面业务的咨询服务。专业咨询是档案社会化服务机构普遍具备的拓展功能。例如,上海仁通档案管理咨询服务有限公司提供了档案规划、档案管理咨询以及档案库房建设解决方案三项咨询服务功能,满足了客户档案管理战略规划、管理制度建设、运转流程控制、档案人员评估、库房设计以及安全性保障等不同需求。

4. 专业培训功能

档案社会化服务的专业培训功能是指邀请专家学者，为客户提供档案业务知识、专业技能等方面的培训，培训内容既有不同层级的知识和技能培训，又有不同程度的意识、理念宣介，还有不同范围的动态、信息传递，根据客户需求提供相应服务。专业培训也是档案社会化服务机构普遍具备的拓展功能。例如，杭州伟邦档案管理咨询有限公司为客户提供的档案专业培训服务，涵盖了数字化管理业务知识培训、伟邦档案论坛暨学术会议等内容，力求满足客户的多种需求。

二、档案社会化服务的原则

档案社会化服务功能的实现应遵循相应的原则，这些原则不能凭空提出，需要立足档案社会化服务的特征来分析。如前所述，档案社会化服务具有服务性、专业性和效益性的特征，这些特征为我们指引了分析档案社会化服务原则的基本思路。服务性要求遵循客户导向原则；专业性要求遵循安全保密原则；效益性要求遵循高效益与高效率并重原则。

（一）客户导向原则

以客户为中心，以客户需求为导向，这是社会化服务必须遵守的原则之一。所谓客户导向，通俗来说就是要把满足客户需求作为一切工作展开的目标和中心。客户导向原则是指尽可能最大限度地满足客户需求，对客户负责，从而使客户满意，达到提高服务水平、树立口碑、扩大自身影响力的目的。客户导向原则包含三层含义。

1. 明确客户需求

以客户为导向的前提就是明确客户的需求，这是做好一切服务的基础。明确客户需求，不仅包括客户的显在需求，还包括客户的潜在需求。显在需求可直接从客户方获取，但对于潜在需求，就需要深入客户工作环境进行调研，了解客户的特点，熟悉其工作模式和业务流程，协助客户发掘其潜在需求。在明确客户需求的基础上，档案社会化服务的提供方才能有针对性地制订工作方案，为客户提供优质、高效、全面的服务，从而得到较高的客户满意度。例如，国外知名商业性文件中心之一的信安达信息管理公司（GRM，Guarantee Records Management）就明确提出了客户至上的经营宗旨，宣称以负责态度、团队合作精神与创新理念为客户提供精确无误、完善周到的服务。只要客户有需求，公司就竭尽全力加以满足。

2. 树立客户服务理念

客户服务理念在其他行业中的应用已有数十年历史，借鉴这种相对成熟的发展理念，有助于档案社会化服务的顺利开展。档案社会化服务的提供方必须树立以客户为中心的思想，充分考虑客户需求，培养与之相适应的价值观念与服务理念，并融入机构文化之中。在市场中，客户有选择档案社会化服务机构的自由。一个缺乏客户服务意识的档案社会化服务机构是难以取得客户信任，并得到长久健康发展的。因此，要取得客户信任，发展并扩大档案社会化服务经营范围，壮大自身实力，档案社会化服务机构就必须以客户为本，牢固树立客户服务理念。以北京东方博泰文档数据外包服务有限公司为例，该公司在经营理念中就明确了尊重客户的重要性，坚持把提供优质服务作为最高目标，培养良好的服务意识，认真听取客户意见。这也是近年来该公司业务发展迅速的重要原因之一。

3. 建立客户服务机制

为了保证客户导向原则的实施，档案服务机构必须建立相应的机制。这种服务机制是指保证档案社会化服务的各项措施都以客户为中心而展开，并对非客户导向的行为予以调整或约束，确保客户导向思想的贯彻落实。近年来，客户导向的思想在图书馆信息服务领域已有所实践。档案社会化服务可积极借鉴其他行业的成功经验，把客户导向作为指导思想，并建立相应的服务机制作为保障。

（二）高效服务原则

这里的“高效”有两层含义，既指高效益，也指高效率。

无论是档案社会化服务的提供方，还是需求方，档案社会化服务都需要花费一定的成本，包括时间成本和资金成本。因此，档案社会化服务必须遵从成本/效益原则，即要以最小的成本获取最大的效益，才有存在和发展的必要。否则，就会造成社会资源的浪费，也无法体现档案社会化服务的专业化、集约化优势。追求效益的最大化，既包括经济效益，也包括社会效益。

档案社会化服务机构在实践中要控制成本，产出高效益，满足成本/效益原则，需要做到以下两点。

1. 构建成本/效益评估指标体系

建立评估指标体系，是保证评估有据可循、科学有效的必要条件。评估指标体系的建立必须满足科学性、实用性的要求。所谓科学性，就是要求评估指标体系中涉及的概念清晰、明确，具有专指性，防止含混不清的现象发生。科学性是保证成本/效益评估指标体系准确有效的前提和基础。所谓实用性，就是要求评估指标体系具有可行性和可操作性，符合实际工作需求，不能脱离实际，评估中所使用的数据应易于采集，便于分析比较。只有符合以上要求的评估指标体系才能满足成本/效益评估的需求，促进档案社会化服务更好地开展。

2. 制定合理的改进措施

根据成本/效益评估的结果，档案社会化服务机构要在此基础上分析问题、改进不足，从而控制成本、提高效益。改进措施的制定，要具有针对性、合理性，切忌盲目压缩成本而导致不良后果。成本控制，关键在于优化资源配置，提高资源使用的经济效益，尤其是利用集约化的优势，严格控制成本。服务机构要依据评估结果改进或优化业务流程，缩减不必要的开支，提高效率，实现自身的可持续发展。例如，国外知名商业性文件中心之一的 Recall 公司就擅长通过创新和经验积累来控制成本、节约经费并提高效率。其运用 CARTONS 模型支持每个地点和整个网络的绩效分析，利用标准运营规程（SOP，Standard Operation Procedures）保证高质量的可靠服务，此外还拥有射频识别技术（RFID，Radio Frequency Identification）提高文件档案处理效率，从而保证其在文件档案管理领域处于行业领先地位。

高效服务原则的另一层含义指的是服务的高效率。现代社会，客户除讲求服务质量以外，还特别注重服务的效率问题。特别是在信息提供方面，信息本身具有时效性，即在特定的时间范围内才能发挥其效用，这就要求及时为客户提供相关服务。档案社会化服务机构要大力强调“提高效率”的理念，既要不断完善自身的业务,采用最快捷、最有效的工作方式节省成本和提高管理效率,又要通过评估、改进和优化业务流程来帮助客户提高其工作效率。这样可减轻客户自己管理文件信息的负担,降低管理成本,提高工作效率。

（三）优质服务原则

档案社会化服务拥有各方面的优质专业资源,包括档案专业人才、专业设施、制度和标准等,理应为社会各方面提供优质服务,这是其所遵循的必要原则。随着服务理念的创新、技术水平的提高,档案社会化服务的业务领域更加广泛,内容更加精细,具体说来,优质服务包含两点要求。

1. 多元化服务

档案社会化服务要在市场竞争中取胜,应该提供多元化服务。这里的多元化具有两层含义:一方面是指档案社会化服务机构的多元化。在市场经济条件下,档案社会化服务的承担机构可多元化,重点关注不同的服务对象,提供各具特色的服务模式,这样才能丰富市场主体的类型,以供不同需求的客户选择。总体上来说,国外档案社会化服务机构以企业为主,主要表现为商业性文件中心。在国内,档案社会化服务机构的类型较复杂,既有营利性的档案咨询服务公司,也有非营利性的机关文档服务中心等。另一方面是指扩展服务领域,实现服务形式和内容的多样化。只有为用户提供多样化的服务,才利于推动档案社会化服务科学、可持续的发展。除现有业务,如档案管理、文件档案寄存、业务咨询等以外,档案社会化服务机构还要根据市场实际状况,调研客户需求,借助先进的科学技术,不断开发新的服务形式和内容。国外知名商业性文件中心铁山公司是提供综合性文档管理服务的典型代表,所提供的服务内容广泛,业务大类共 11 项,涵盖子项目 90 余项,服务全面、广泛且较深入。

2. 个性化服务

档案社会化服务的个性化主要是指在研究客户特点、工作流程、所处环境、发展态势等内容的基础上,为不同客户提供具有差别性的服务,从而使服务更加具有针对性,最大限度提高服务产生的效益。个性化服务要求档案社会化服务机构根据不同客户需求，制订不同的服务方案，选择灵活的工作方式，为客户提供量身定制的服务。这种服务的优势是显而易见的，能提高客户满意度，促进档案社会化服务的发展。在国内，量子伟业时代信息技术有限公司就注重根据客户的不同特性提供不同类型的服务。例如，为了搭建与东方航空个性需求相匹配的档案信息化管理平台，该公司对东方航空进行了充分的前期调研，结合航空领域的行业特性，解决了该公司对档案的收集、管理、利用等方面的问题，对航空领域档案信息化平台的搭建具有重要的借鉴意义。

(四)安全保密原则

档案社会化服务与其他领域社会化服务最大的不同点就在于其业务内容是与文件档案息息相关的，档案的机要性决定了其在服务上必须要坚持安全保密原则。客户的文件档案涵盖大量信息，例如企业的经营管理、人员信息、营销策划等等，具有重要的商业价值，一旦文件档案损坏或内容信息泄露，就会对客户造成损失。因此，为保证客户利益不受侵犯，同时也为确保档案社会化服务的持续稳定发展，档案社会化服务机构必须要坚持安全保密原则，包含两点要求。

1. 实体安全保存

对于纸质文件来说，档案社会化服务机构要提供符合档案保管条件的库房，配有温湿度控制仪器和其他防护设施，安全性能优越，确保档案实体的长期安全保存，不受外界自然因素的影响，同时在客户需要时能及时提供利用。对于电子文件来说，档案社会化服务机构要利用先进的技术手段确保文件的真实性和长期可读。

2. 信息内容安全保密

档案社会化服务机构要尊重客户的利益，以客户的文件档案安全需求为原则，确保信息内容不泄露，不失密。安全保密原则的执行需要一定的监管机制的保障，要求档案人员具有较高的素质，严格遵循规章制度。只有遵循安全保密原则，档案社会化服务才能具有安全性、权威性，才能满足复杂的档案管理需求。在安全保密方面，国外一些知名商业性文件中心做得相当出色。例如铁山公司就将安全原则作为经营理念之一，提出“安全是一种生活方式”的宣传口号，切实将安全原则贯彻到每一个工作领域、每一步工作流程之中,保障客户的信息安全利益。其拥有入侵检测和警报系统、火警探测、中央监测保护系统等,以确保文件档案实体与信息内容的安全。这也是该公司广受客户青睐的重要原因之一。

第二章　档案公共服务导向

本章以树立“档案公共服务”的“统一认识”和“政策价值观”、构建档案公共服务政策体系为目标，从四个部分展开讨论。首先，从档案服务客体、主体、受体的“公共性”来深刻理解从利用服务向公共服务转型的必然性和可能性，为政策导向的形成夯实理论基础（为什么）。其次，阐述档案公共服务的四个立足点，确立四个政策价值观（是什么）。再次，提炼两条政策分析主线：（服务主体的）责任、（服务受体的）权利，为推进公共服务的政策专题研究明确设计理念（怎么做）。最后，分析现有政策体系的缺憾，展望档案公共服务政策体系的内容规划和构建之路，并进一步指出，我国档案公共服务政策体系构建当前需要重点关注的是加强政策联动和协调，促进档案服务融合，以发挥公共服务的效能。

第一节　档案信息的公共服务

“公共服务”作为我国政府职能的重要内容进入了决策者和政策制定者的视野，越来越频繁地出现在政府工作报告、学术研讨和百姓话题之中。作为政府授权的集中保管和提供档案利用的基地，作为各级党委和政府直属的文化事业单位，各级国家档案馆随着政府职能的转变，也提出了向“公共档案馆”转型这一课题，将公共服务作为档案工作的主旋律，开展了档案馆社会服务功能拓展的讨论和实践。

实践领域的变化革新在表面上看是顺应时代需要的必然结果，其背后却拥有着强大的理论支撑。正如世界范围内服务型政府的改革成果是建立在西方政治行政学、福利经济学等一系列伟大理论基石之上的，档案界对公共档案馆建设、档案馆社会服务功能拓展、档案服务和谐社会的倡导和推进，也是建立在一定的理论认识和观念突破之上的。档案信息的公有性、档案馆的公益性、利用者的公众性等探讨都已形成各自的研究领域，并从不同侧面共同阐释着传统档案利用服务向档案公共服务转型的必然与可能。笔者吸收公共物品理论和公共服务理论的精髓，从档案服务客体、主体、受体的“公共性”来深刻理解档案公共服务的内涵实质，为政策导向的确立夯实理论基础，帮助人们对“档案公共服务”的现实可能性和期望形成一致的认识。

一、档案信息的公共物品属性

档案服务的客体——档案信息是档案机构和利用者在服务活动中相互联系和直接作用的物质对象，它既是档案机构提供服务的“物化形式”，又是社会公众享受服务的“信息产品”。档案信息的“公共性”根源于档案信息的“公共物品”属性，但这种“公共性”并不完全是一种自然属性，还取决于制度安排和政策选择。我国单一化的档案收集政策使得档案馆实际保存的档案信息“公共性”程度极高，应该也必须向社会提供“开放共享”的信息服务。

（一）公共物品基本理论

公共物品是与私人物品相对应而产生的概念。公共物品作为一个经济学概念，通常以不排他性和消费的共用性为标准来定义。即公共物品是共同消费，难以排他的物品。对于不排他性和消费共用性的理解基于对排他性和竞争性的认识。

排他性是从物品提供者的生产角度来说的，指在市场体制下，生产者无须花费较高成本就能排除不付费就消费的“搭便车”行为。所有的私人物品都可以轻易地实现这种排他性，例如市场出售的衣服、食品等纯私人消费品，消费者不支付价格就不能占有使用。而公共物品由于具有共同消费和集体使用的特征，实现排他性则较为复杂和困难。或者因为需要付出较大成本而不值得排他（如将所有道路桥梁都分段收费），或者因为效用分割计算的技术限制而不能排他（如有线电视技术产生前的无线电视节目），或者因为伦理上不应该排他（如政府提供的教育、医疗和文化服务）。因此，公共物品特征之一是不排他性。

竞争性是从物品使用者的消费角度来说的，指消费者个人享用或使用一项物品会阻止或限制其他人的消费，影响其他人消费的数量和质量，以及物品消费所带来的效用。例如一个苹果被甲消费者享用了,乙消费者就不可能再享受这个苹果带来的美味和营养。而公共物品的消费具有难以分割和共同享有的性质。任何人对它的使用都不影响其他人的效用和利益,不存在消费者为获得该产品而进行竞争付出代价。例如国防、法律和秩序、灯塔、街道和街道照明。用经济学术语来说,非竞争性就是消费者增加所带来的边际成本为零,增加一个消费者并不增加成本;或者边际拥挤成本为零,即消费中也不存在拥挤现象,对消费者没有数量的限制。

经济学家们早已认识到,纯粹的公共物品和私人物品只存在于理论之中,现实生活中极其有限,因此产生了准公共物品的概念以及区别物品“公共性”程度的认识。此外,学者们逐渐意识到公共物品的属性并不完全由自然决定,制度安排对于物品的“公共性”影响极大。“有些物品,它们可以但却很少向每个使用者收费,如公路、桥梁、天气预报、公共图书馆、国家公园”。“有些物品,如教育、医疗服务、公共运输,它们能很好地按市场方式供给,但是许多政府选择免费或者低费用供给部分公民或全体公民”。

(二)档案信息的公共物品属性

从理论上研究一项物品是否属于公共物品,以及其“公共性”程度如何,首先看该物品是否具有消费上的非竞争性和共用性,再分析其生产上是否具有排他性。笔者采用此方法对一般意义上的档案信息性质稍作分析。

首先,从消费上来看,档案信息具有非竞争性或弱竞争性的特征。由于信息本身具有的共享共用、无损耗和反复利用等特点,利用者不但可以在同一时间分享同一档案信息带来的效用而互不影响(纸质环境下不能同时利用的是档案载体,而并不是档案信息;信息技术释放了载体对信息的约束而提高了这种共享性),而且同一利用者可以反复使用同一档案信息也不发生信息数量和质量的损耗。因此,对于档案服务提供者来说,在档案服务机构能力范围内,档案利用者的增加并不增加服务成本,但却能够提高档案信息利用带来的整体效益,产生规模效应。当然,现实生活中的档案信息消费都具有一个“临界点”和“拥挤点”,如进馆人数和计算机终端用户超出“拥挤点”,档案利用超出了服务机构能力范围,则会在一定程度上产生竞争性。此外,某些含知识产权的档案信息也具有消费上的竞争性,但这些信息因涉及商业秘密或个人权益，主要保存在不对外提供服务的内部档案机构中，在公共档案部门所占比例较小，因此从一般意义上来看，档案信息竞争性较弱，共享和共用性很强。

其次，从生产上来看，档案信息可以排他但却不应该排他。理论上物品的未排他是出于成本上、技术上和伦理上的考虑。由于档案信息具有一定的稀缺性和垄断性，档案部门无须花费较高成本也不需要复杂的计算技术，就能对档案信息进行收费使用（特别是在载体和信息不可分离的纸质环境下），因此从这个意义上说，档案信息成本上和技术上的不排他性较小。尽管档案信息的准确定价较难，但只要档案机构在利用手续上稍加设置，例如设置进馆费用、设置网络浏览和下载权限，就能轻易排除不付费就使用的现象。但是，无论是发达国家还是发展中国家，都在不断减少利用障碍，降低利用费用。这就是因为档案信息在伦理上存在极大的不排他性。档案利用与公民知情权、民主政治关系密切，而且绝大多数档案信息产生于公共领域或者具有公共价值，所以政府在制度安排上都尽量推进档案信息的公有和公用。当然，市场主体参与开发的档案信息数据库，需要付费才能使用，排他性也自然产生，但这些加工后的“信息产品”已具有知识产权和竞争性，不再是一般意义上的档案信息。

由此可见，档案信息在一般意义上属于公共物品范畴。而且，档案信息消费上的非竞争性主要是一种自然属性，而生产上的不排他性却更多的是国家和政府的制度安排和政策选择。

（三）我国档案馆档案信息的“公共性”程度极高

档案信息成为“公共物品”并不完全由自然属性决定，国家和政府的制度安排对其“公共性”程度起着决定性作用。国外档案政策大都赋予了公共档案馆提供档案信息服务的绝对主导地位。而我国单一化的档案收集政策，决定了档案馆保管的档案信息具有极高的“公共性”，现有档案服务政策也决定了我国公共档案馆成为目前唯一的档案公共服务提供者。

1983 年《档案馆工作通则》和 1986 年《各级国家档案馆收集档案范围的规定》明确了我国档案馆接收档案的范围，使得目前我国各级各类档案馆中的档案绝大部分是产生于政府机构和公共部门的政府信息或公务文件。从私人或非公部门征集的少量档案也都具有“国家记忆”和“社会记忆”的公共文化价值，可以说都是“生发并应用于社会的公共领域”的“公共信息”，具有极强的“公有公用”性。国内学者谢俊贵也认为，所谓公共信息是一种特定的实用信息类型，它是指所有生发并应用于社会的公共领域，由公共事务管理机构依法进行管理，具有公共物品特性，并能为全体社会公众共同拥有和利用的信息。这个定义与我国档案馆所保管的档案信息基本重合。虽然“私人档案”收集和“个人记忆”有待改进，但馆藏信息与“公共信息”的高度重合减少了目前我国档案馆开展“公共服务”时的隐私权顾虑，更有利于实现档案信息的“公有公用”。

同时，我国档案管理体制对于国家所有的“公共档案信息”采取集中式保管，并严禁个人转让和出卖，档案馆对这部分信息保存较为完整，且具有法律保障的权威地位。再加上行政机关内部档案室和公共企事业单位档案部门目前并未成为法定的档案开放机构，这也就决定了公共档案馆（国家馆和专业馆）实际上成为我国目前唯一的档案公共服务提供者。业界也多将公共服务探讨与公共档案馆建设相提并论。

档案信息特点是档案公共服务的客观基础和理论起点。无论从一般意义上的档案信息本身来考察，还是从我国档案现实国情和政策安排来分析，档案服务的这一物质客体都具有一种不可否认的“公共性”，应该作为一种公有资源供公共利用，无法回避其最终都应该走向“开放共享”的必然趋势。此外，档案信息的“公共性”还客观要求国家必须介入和保证“产品和服务”的供给，将档案服务纳入“公共服务”范畴。

二、档案服务机构的公共性

档案信息的“公共性”直接影响到了档案服务的供给机制。档案信息消费的共享性使得效用分割和信息定价较为复杂，市场主体提供服务动力不足。尤其是对于那些产生于公共领域的“公共档案信息”，一方面大部分信息由政府和公共机构自身掌握和形成，具有一定的垄断优势；，另一方面这些信息又是全社会“公有”

的信息财富不应该排他性使用,因此目前各国档案信息服务的供给普遍采取政府主导模式。

政府作为档案公共服务提供者,通过制度安排,委托相关部门负责服务的生产和供给。这一供给模式使得档案服务主体大多具有鲜明的“公共性”。由纳税人供养、公共财政支持的公共档案馆是“公共性”最强的档案部门,也是代表政府承担档案信息服务“公共责任”的中坚力量。“公共档案馆”的首次提出源于19世纪30年代的英国。1838年8月,英国《公共档案法》颁布后,成立了中央级国家档案馆,称之为公共档案馆,以区别于政府机关档案馆、教会档案馆、大学档案馆、私人企业档案馆等。此后,公共档案馆在欧美各国普遍建立。我国档案馆与西方国家档案馆相比,进入社会公共领域的时间较晚,“公共档案馆”这一提法也是在政府“公共服务”职能明确之后才出现的。

一直以来,我国向社会公众提供档案服务的主体是各级各类国家档案馆,档案界“公共性”意识的觉醒提出了国家档案馆向公共档案馆转型的时代课题。国家档案馆不仅是我国档案公共服务的主要阵地,也是政府主导提供公共信息“产品和服务”的制度安排。现有档案服务政策调控的目标群体主要是国家各级各类档案馆,理解档案服务机构的“公共性”必须深刻理解国家档案馆的“公共性”。

第一,国家档案馆开展的信息服务以“公共利益”为价值追求。

公共服务理论认为,政府“服务”活动中,“公共利益”是目标而非副产品。作为政府提供信息服务的受托人,国家档案馆的服务活动也应该将“公共利益”作为最终目标,在政治上维护公民知情权、参与权和监督权的同时,重视公共空间的打造和公共文化的培育,以增进社会公共福利为追求。

我国档案管理体制将档案馆定位于事业单位是有利于档案馆树立“公共利益”服务目标的。因为事业单位定义内在规定了“公益性”。“事业单位”是一种具有中国特色的社会组织,其概念产生于新中国成立之初,最早应用的具体时间目前尚难考究,而且长期没有规范的定义和外延。人们一般将事业单位理解为不具有行政管理职能、为国民经济和社会发展服务、不以营利为目的的实体性社会组织。1998年国务院发布《事业单位登记管理暂行条例》,首次对我国事业单位进行了规范定义,即“国家为了社会公益目的,由国家机关举办或者其他组织利用国有资产举办的,从事教育、科技、文化、卫生等活动的社会服务组织”。由此可见,事业单位的定位实际上强调了活动的“公益性”和“非营利性”,也区别了“行政管理”与“社会服务”。同时,国家档案馆馆藏信息的公有性、档案利用的社会性、职责使命的服务性,又强化了这种公益性。

第二,国家档案馆的“双重性”决定其公共服务的丰富内涵和意义。

“档案馆不同于一般的图书馆、博物馆,它是政治性、政策性很强的文化事业机构。”档案馆一方面具有保存人类文化遗产,为历史服务的科学职能;同时还具有加强与政府公共部门的联系,为现实服务的行政职能。档案馆区别于公共图书馆等其他公共信息服务机构最为显著的特征,就是其具有政治上和文化上的双重“公共身份”,肩负着更为复杂的“公共责任”。“档案馆对于面向现在与未来,行使行政职能与科学职能似乎并不像赫拉克勒斯面对‘享受’和‘美德’的道路那样两者必择其一,现代档案馆可以像掌管开始与结束,能顾及两面的坚纽斯(Janus,护门神或两面神)那样,一肩担起行政和科学的两副担子”。

尽管档案馆的政治性影响了其“文化身份”的纯粹性,使得档案馆在“公共文化服务”体系中难以超越公共图书馆的地位,但是档案馆与政府机构密切的伙伴关系却丰富了档案公共服务的内容,使其具有政治上和文化上的双重意义。一方面,作为政府信息的集中保管和提供利用基地,国家档案馆在为机关提供工作查考之外,还需要为个人寻求凭证、公众监督政府、公民参政议政提供信息,使其公共服务内容具有促进民主政治发展的积极意义。另一方面,作为历史信息的长久保存和永续利用基地,国家档案馆承担着为科学研究和文化休闲提供信息支持的重要使命,其公共服务在文化传承中意义重大。因此,我国各级档案馆既普遍开展了现行文件查阅服务,也不忘开发利用历史档案的传统服务,积极保持着“政治权利的维护者”和“历史文化的传播者”的公共形象。

从公共服务的内容和意义上看,档案馆比图书馆的“公共性”程度更高,更有必要由国家和政府通过制度安排来保证。在萨瓦斯的公共物品分类图中,图书馆是具有消费上的高共同性和生产上的高排他性的“准公共物品”,与剧院、体育场性质相近。因此,各国既有“公共性质”的国家图书馆,也存在大量的私人图书馆和藏书楼。档案馆的情况则有所不同。不仅中国的档案管理体制决定了私人档案馆难成气候,即使是国外的私人档案馆也多具有私人图书馆或者企业信息中心的性质,主要提供非“公”信息服务,无法满足政治意义上的档案公共服务。所以,国家档案馆的设立本身就是政府向社会提供的一种“公共服务”,档案馆工作的开展最终都是为了实现档案领域的公共利益,“公共档案馆的本质不是一座建筑外壳,而是公共服务内容”。我国的国家档案馆是一个集政治性与文化性于一体的公益性机构,是以“公共利益”为最高追求,代表政府承担档案信息领域“公共责任”的公共信息部门,理所当然地面向全体公民,而不是部分群体。

(三)档案利用者的公众性

档案信息来源的广泛性和内容上的包罗万象是档案信息服务受体——档案利用者具有公众性的基础。作为政府提供“公共服务”的一种制度安排,各级各类国家档案馆的设立保证并强化了这种“公众性”。因为非“公”性质的档案机构,或者以内部人员为服务对象,或者以“付费者”为服务对象,都不承担面向公众的义务。

从公共服务的角度来看,“公众性”指的是服务对象的普遍性和广泛性,面向不特定的第三人,具有不可预测、无限增长和不断扩大的特点。档案服务对象——利用者亦有此特征。

一方面,档案信息内容丰富、价值多元,不仅不同个体利用需求存在差异,同一个体也存在不同的信息需求,档案服务具体活动所面对的利用者动态变化,需求并不固定,身份特点也并不分明,事先无法一一预测,更无法划清服务对象边界。

为了突出服务重点和提升服务质量,对利用较频繁的档案信息进行专题数据库开发,对需求相近的利用者提供项目式服务,是主动服务的重要内容。但并不能改变服务对象范围的无限性,也不应因此而忽略基本信息服务、降低“被动服务”的质量。这也就在客观上给档案服务提出了“普遍均等”“自由公平”的要求。正因为服务对象和需求无法逐一预测,所以档案馆要维护最广大群众的“公共利益”,就应将一部分创新服务项目的热情转到认真扎实地进行档案开放和公共利用上来,在合法范围内尽量消除利用障碍,保障基本信息服务的“均等化”,让已开放的档案都能"共享利用",鼓励不侵害国家、集体和其他个人利益的"自由利用",并将这一"自由"平等公正地赋予每一个公民。

另一方面,随着社会环境的改善和档案意识的增强,对档案信息的需求会逐渐增多并出现新的表现形式。相应的,档案利用者的范围也将不断扩大,出现新的利用者类型。我国档案利用群体的扩大经历了两个飞跃:一是从机关团体利用者向普通公众辐射;一是从到馆查阅用户向网络用户扩展。

首先,公共服务对象"不仅包括传统的利用者群体——出于工作查考需要的国家机关、企事业单位和学术研究需要的教学科研部门,还包括为'知情维权'奔波的广大普通百姓,以及国(境)外查档者,因此是一个无限增长的、需求不尽相同的利用者群体"。1986 年 2 月 7 日颁布的《档案馆开放档案暂行办法》提出了为"公民"服务的宗旨,是从政策角度肯定档案服务对象"公众性"的最早体现。《办法》总则第二条明确了"档案向社会开放,是各级各类国家档案馆的基本任务之一,是建设社会主义物质文明和精神文明的需要,是开展国际文化学术交流的需要,是促进我国公民从事教育、科学、技术、文学、艺术等事业研究与创作的重要条件"。除国家机关和科研单位之外,普通公民、社会大众明确成为档案服务对象,是对当时档案利用者范围不断扩大的政策回应。

此外,现代信息技术对信息用户的影响在档案领域同样深远而广阔。档案利用者的"公众性"在虚拟世界得到了更大扩展。数字档案信息服务的对象不再局限于到馆利用者、本地利用者和本国利用者。对于开放的信息源,其服务范围已经扩展至全球用户。同样,我国档案馆网络服务的对象也正不断超越地区界限和国家界限,呈现出无限扩大的态势。

档案服务的"公共性"不仅仅是一个观念世界的问题,意识决定行动,对"公共性"内涵理解得不完整不深刻,也在现实世界中产生了影响。档案馆的"主要责任"是"保守秘密"还是"引导利用"依然模糊,档案利用者的自由利用程度还远远低于西方发达国家,社会大众在档案领域的"公共利益"常常被"国家利益"所掩盖,档案服务创新处于"散兵游勇"状态。这些现实问题固然与我国的文化传统、经济条件、管理体制存在关联,但档案政策制定者、执行者和相对人未能就服务的理想目标和价值取向达成共识，档案公共服务政策的价值导向尚未确立，也是不可回避的原因之一。

第二节　档案公共服务的价值观

“政策价值观与价值观是一般与特殊的关系，政策价值观既具有一般价值观的内涵与特点，又具有自身的内在规定性。政策价值观指的是公共政策的价值取向模式。公共政策的价值取向就是对政策系统行为的选择，即对社会资源的提取和分配以及对行为管制的选择。”按照《公共政策词典》的定义，政策价值观（values）是指“政策制定者以及其他涉及决策过程的人共有的偏好、个人愿望和目标；价值观可能包括一个人的政治信条、个人偏好、组织目标以及政策取向；价值观关心的是一个人认为是称心和美好的东西”。由此可见，价值观意味着选择与判断，政策价值观就是如何制定理想政策的选择依据和判断标准。价值观还意味着愿望和目标，作为决定政策制定行为的主观认识，政策价值观更多地代表着政策制定者和决策者所希冀的社会生活的理想状态。

现有档案利用服务政策在价值观上倡导“社会服务”和“社会利用观”，并在时代发展中开始向“公共服务”推进，提出了“服务民生与服务业务并重，服务领导与服务群众并重”的服务取向。然而，囿于历史条件，利用服务政策中早已存在的“公共服务”思想基础并未得到持续发展，服务的“公共性”在国家政策中并未彰显，“公共服务”也没有成为档案馆的法定职责。为此，基于前文对“公共服务”的内涵认识，现有档案服务政策不仅应该从总体上体现对“公共服务”的倡导，更需要以“公共利益”为最终诉求，确立“开放共享”“自由公平”和“提升效能”的服务目标和价值导向。

一、立足公共利益

无论是何种公共服务，其最终目标都是为了维护和实现“公共利益”，以“公共利益”最大化为行动方向。档案服务的客体——信息呈现“公有公用性”（无论是一般意义上还是我国制度安排下），主体是“公益性”事业单位，受体具有“公众性”。作为“公共部门提供的满足全社会或某一类社会群体共同需要的服务”，档案服务具有完整的“公共性”内涵，属于一种公共服务。这种公共服务是作为政府给全体公民提供的一种“社会福利”而存在的，是一项公益事业，“立足公共利益”应该成为政策制定和选择的价值取向和判断标准。

何为“公共利益”？它与个人利益、国家利益和社会利益有何关系？长期以来，“国家利益”在档案服务政策制定中占据着主导地位，不仅掩盖了个人利益，而且等同于公共利益。这种政策导向影响着档案服务的行为取向。一方面，档案开放政策以防止个人利益对国家利益的侵害为原则，“保密”的强制性明显重于“开放”，“划控”毫无监督，“解密”却反复审查。档案馆“重保密轻开放”，对档案利用者的活动偏好“管制”而非“引导”，个人知情权在保守国家秘密面前“微不足道”。另一方面，“服务中心工作服务大局”等同于“服务个人、服务公民”，为公权机关提供服务尽心尽力，为普通群众提供服务却流于形式。实际上，“国家利益未必是公共利益，严格讲只是统治阶级的利益，公共利益是指超越阶级的社会各个个人的利益，是各阶级、各阶层的共同利益”。公共利益是“不特定第三人的利益”，它不仅笼统地指全体社会的共同利益，而且涵盖了组成社会的每一个个体、每一个公民的实际利益；它不仅包括了国家利益、社会利益，而且也不忽视具体个人的现实需要，与当前档案界“服务民生”“以人为本”的服务理念极好地契合起来。

值得一提的是，在社会法学者看来，公共利益与社会利益是有区别的。学者茅铭晨采用团体主义法理学的“团体”来解释社会利益中的“社会”。将“社会利益”理解为某一社会团体（利益群体、利益集团、利益阶层）的利益。把“公共利益”理解为超越阶级的社会各个个人的共同利益，也就是日常所说的“广大人民群众的利益”。公共利益在某种程度上涵盖了社会利益，“公共服务”是“社会服务”的发展和丰富，“公共利用观”比“社会利用观”在当今的政治文化环境中具有更积极的意义。

档案领域“公共利益”的具体表现形式由于利用者的“公众性”而变得多种多样。但是，对于档案服务者而言，优先向公众开放和提供“涉民档案”，扩大信息共享的公众覆盖面,在已开放档案利用上尽量放松管制倡导自由,基本信息服务均等和免费(或低收费),服务手段多样化和集成化,都是立足公共利益最为直接的举措,也是档案服务政策应该大力倡导的内容。

二、立足开放共享

档案信息的公共物品属性为档案服务的"开放共享"提供了天然条件,公共档案馆的设立为"开放共享"提供了制度上和组织上的保障,而我国档案馆实际保存的档案信息具有极高"公共性"则使这种"开放共享"与政府信息公开相互呼应,成为当前亟须突破的领域,成为档案公共服务政策亟须倡导的价值取向之一。此外,数字档案馆建设、数字档案服务工程的启动,也将开放共享从传统的"档案实体开放"向全方位、多层次的"系统开放"推进。

档案开放的落后状态在政府信息公开不断推进的形势下,在现行文件服务工作对比下,更突显其不和谐、不合理。在社会公众心中,档案馆不断创新的各种服务固然令人耳目一新,但是以档案未开放为理由而拒人千里仍然是普通百姓对档案馆的较深印象。在档案工作者心中,使尽浑身解数满足利用者需求的美好愿望常常被公众所需档案的封闭所扼杀。在档案学人心中,种种档案信息资源开发利用的新思路新设想总是在关键之处破产于具有开发价值的珍贵档案尚未解密。

如果说政府信息公开给"开放共享"带来了压力,那么信息技术在档案服务领域的广泛应用则让"开放共享"具有更深广的内涵,变革了传统的政策环境。数字档案信息的载体与信息可分离性使得信息的生成、处理、加工、利用超越了物理实体的限制,使得信息的流动处于一种更加开放的环境。数字档案信息的管理不再局限于文档管理机构内部,而是依赖于信息管理系统。数字档案信息的最佳利用渠道是通过互联网将档案信息管理系统与其他信息资源管理系统进行良好对接,实现信息资源的开放利用和社会共享。数字档案信息资源的开放性、信息管理系统和互联网的开放性,决定了完整的数字档案信息服务就是一个开放的系统。它不仅包括信息源的开放(含档案实体开放和档案信息数据库开放),还包括服务理念、渠道、手段和开发模式的开放性,并且要求选用具有稳定性、开放性的应用软件和技术。需要指出的是,系统开放的政策导向或许还只是一个远景目标和前瞻性规划,从目前我国档案数字化速度与档案网络服务进展极不相称的现实来看,信息源的开放,特别是档案实体的开放仍然是政策制定者应该首先关注和突破的领域。

从政策调控的目标群体角度来看,"开放共享"的确立是为了引导档案服务者(档案馆)的观念和行为,目前最为关键的是需要加强对档案馆开放工作的政策指导。然而,"开放共享"与"自由公平"是相辅相成的。扩大档案开放不是一项"政绩工程",也不能仅仅满足于开放比率的提高和数量的增加,档案开放是为了提供利用的。已开放档案应该提倡自由利用、公平使用,才能真正符合利用者的利益需要。为此,立足自由公平,关注社会公众的实际利用效果和权利实现,是档案公共服务政策亟须倡导的又一价值取向。

三、立足自由公平

美国图书馆协会和美国档案工作者协会发布的《美国图书馆协会和美国档案工作者协会利用服务联合声明:原始研究资料获取指南》中称"档案馆不能拒绝任何利用者对任何资料的利用要求,任何利用者都不能在资料的利用上有特权,不能对任何利用者隐瞒资料的存在,除非这是法定机构、强制性制度、赞助或购买约定中的规定"。"自由公平"地获取和使用档案信息是档案利用者的理想和愿望,是档案公共服务的目标追求之一。

"自由"意味着公民在法律规定的范围内,自己的意志活动有不受限制的权利,"公平"即公正平等地享有权利。只有保证权利主体的行为和活动在规定范围内或合法条件下的"自由",才能实现其权利享有的真正公平。正如没有"私人权益"便没有"公共利益";没有每一个"私人"的自由空间,便没有社会总体的"公正平等"。档案利用者的"公众性",利用需求的多元化使得档案馆很难事先明确每一个利用者的利用目的、范围和实际需要。"自由"与"公平"在档案利用活动中联系更加直接而紧密。是否公正平等地对待每一个利用个体,取决于是否能够让其合法的利用需求都得到充分满足,取决于利用者是否拥有足够的行为"自由"。

从我国现有的档案服务状况和政策环境来看,"自由公平"在当下尤其需要强调两个方面。

第一,尊重那些无明确利用目的或者仅为休闲而来的利用者。档案利用需求分为功能性和非功能性两种,前者如借助档案开展工作、办理事务或者解决工资待遇、身份证明、财产纠纷等问题;后者如利用档案获得知识和文化享受,甚至仅仅为了好奇而利用。无论何种利用需求,只要不对其他人造成侵害,就应该得到尊重,享受平等待遇。我国档案服务活动中长期以来只关注功能性利用,无明确利用目的的利用活动几乎不被允许,这实际上剥夺了那些被称为“业余爱好者”的利用者的应有权利。“事实上,这些业余爱好者的兴趣范围和馆藏内容一样五花八门。业余爱好者受个人的猎奇心的驱使,档案信息只是他们理解一个问题的过程的一个步骤。未来几年中,随着通信技术的发展,在足不出户的情况下通过电子方式就可以获得信息,这样一来,这种利用团体的数量可能会迅速增长。”我国已将“数字档案建设与服务工程”建设列入档案事业发展“十三五”规划的三大重大项目之一,可以预见,“无明确目的”利用者的数量也将随着档案网络服务的开展而迅速增加,档案服务政策不应限制他们的利用权利。

第二,尊重那些越来越习惯于“网络生存”的利用者。对于伴随着互联网而成长的年青一代(毫无疑问,他们是未来的档案利用主力),“网络”已经成为一种生存和生活方式,成为信息获取和利用的主要方式。如果档案网站还只是提供目录而非全文,如果无法通过网络搜索、浏览、下载档案信息以获取知识和查阅资料,那么他们的档案信息需求将无法被满足或者被抑制于萌芽状态。对于这些不想利用原始档案资料的用户来说,档案信息服务方式的单一对他们而言也是某种意义上的“不公平”。

作为一种不可替代的社会信息资源,档案信息不仅是传统的习惯于利用纸质档案原件或复印件,习惯于到档案馆使用照片档案和声像档案的档案利用者所需要的;也是熟练掌握各种信息工具,习惯于轻点鼠标在网上“冲浪”的信息用户应该享有的宝贵财富。正如我们不会强迫那些习惯检索档案目录卡片、喜欢领略档案原件风貌、偏爱到馆内使用档案的传统档案利用者都转变为档案网站的在线用户;同样,我们也必须尊重那些喜欢享受网络世界跨国界、超时空、大容量、快速方便信息服务的利用者的信息获取习惯和行为方式。

四、立足提升效能

登哈特教授在批判和反思新公共管理理论,提出和建立一种更加关注公民权和公共利益的新公共服务理论时,也强调"效率和生产力等价值观不应丧失,但应当放置于民主、社区和公共利益这一更广泛的框架体系之中"。

作为一种服务活动和人类行为,档案公共服务既讲究"公平",又必须兼顾效率和效益,立足效能的发挥和提升。而这种效能的提升需要充分依托信息技术,通过服务项目和服务方式的融合来进行。

从档案服务者角度来说,不以营利为目的的国家档案馆也追求成本投入的合理性和社会效益的最大化,以便有效分配国家对档案馆的公共支出,充分利用好纳税人的每一分钱为其提供充足的服务供给。在倡导自由公平利用档案信息的同时兼顾利用效率和服务成效,开展多元化的服务项目,并通过服务融合不断提高工作效能,才能使档案公共服务具有持续的发展空间和支撑力量。从档案利用者角度来说,档案服务方式既是档案机构提供服务的手段和工具,又是档案利用者能够实现档案消费的桥梁和纽带,是利用进行和持续的基础条件。实现自由公平、方便快捷利用档案信息的愿望,必须依赖于以信息整合、技术集成、机构合作为基础的服务融合。

服务融合从机构独立性来看分为档案服务领域的内部融合与其他服务的外部融合两个层次,具体可以分为四个方面:一是现行文件和档案信息服务的衔接;二是档案传统利用服务项目和创新项目之间的连接,如档案查阅利用与档案展览的连接,爱国主义教育与培养学生自行查档的配合等;三是档案信息与图书、情报等信息资源的整合服务;四是档案服务融入社会生活的方方面面,与公共文化服务、公民事务办理融为一体。从英国档案服务经验来看,社会融入是未来数字档案服务的趋势和最佳实践。

目前,我国的档案服务创新"各立门户",服务之间融合度低,没有形成以"公民为中心"的服务链,服务效能也难以发挥,与布鲁斯 · 迪斯特尼(Bruce W. Dearstyne)先生在1987年提出的“公共服务”相距较远,亟须通过相关信息服务政策的联动来改善。

以上提出的四个价值取向中立足“公共利益”是首要原则和最高追求,是其他价值取向的基本前提。当其他价值取向在具体实现中发生矛盾时,应以是否符合“公共利益”以及是否能最大程度实现“公共利益”为抉择依据。“立足开放共享”和“立足自由公平”是对档案利用和服务过程的具体要求,是档案公共服务政策倡导的核心价值。两者相互联系,但前者侧重于对档案服务者理想行为的引导和判断,后者则代表了档案利用者对活动理想状态的偏好和愿望。而且,“开放共享”是“自由公平”的前提,档案馆在开放工作中承担“责任”是公众自由公平地行使利用“权利”的前提。“立足提升效能”则是服务持续发展的保障和支持。

第三节　推进档案公共服务的设计理念

政策导向的确立不仅不止步于“政策价值观”的形成,还需要融入政策设计之中,才能够发挥其在现实世界中的作用,真正实现通过政策工具推进档案公共服务的目标。

一、责任与权利——两条主线

档案公共服务政策是一个集合概念,不是指一两项独立的政策规定。从前文对现有档案利用服务政策的梳理结果来看,这个集合所包含的具体政策较多,从政策设计层面逐一展开分析显然不是本书所能承受的。因此,笔者对于具体政策的分析和建议必须在政策导向确立的框架之内,形成更为清晰的研究主线。对于这个政策主线的提炼可以基于三个考虑:政策的本质、政策制定的目标群体、亟须政策应对的现实问题。

首先,政策的本质是价值和利益的分配。美籍加拿大学者戴维·伊斯顿(David Easten)认为:“公共政策是对全社会的价值做权威性分配。”其中所涉及的“价值”应从广义去理解,它是指所有有价值的东西,不仅包括实物、资金和知识,还包括权力、声誉和服务。这种理解隐含了一个最基本的政治学假设，即利益及利益关系是人类社会活动的基础，而“政府的基本职能就是对利益进行社会性的分配。公共政策是政府进行社会性利益分配的主要形式，即决定什么人取得什么和取得多少”。公共领域的档案服务活动虽然参与者众多，但代表的利益群体在性质上只有两个：代表公权的档案服务提供者和生产者、享有私权的服务对象——公民。两类利益主体在社会地位上并非平等的，公权机构显然享有更多的资源和权力，对私权个体来说是强势群体。因此，对于公权主体而言，政策目标应在于明确其责任内容而非过度强调其权力。对于私权主体而言，政策目标应在于保障其合法权利而非过度强调其义务。

其次，从服务政策具体内容的目标群体来看，档案形成者、服务提供者（档案馆）和利用者是三大目标对象。但在《政府信息公开条例》实施之前，档案形成者并不直接与利用者发生关系，绝大多数的服务活动实际上是在档案馆和利用个体之间进行的。政策本身是对主体活动的行为调控，对于档案领域价值、资源和服务的分配都是通过主体活动来进行的。政策导向功能的实现也必须通过主体对具体政策的执行来完成。

最后，从亟须政策应对的服务问题领域来看，档案开放不力和档案利用不便是最为迫切的服务瓶颈（具体案例和实例分析笔者将在具体政策专题研究中提及和展开）。同时，与之相关的档案开放政策规定、档案利用政策规定和档案收费政策规定的调整已经提上了日程。政策之间的互动关系使得相关政策的完善应该纳入一个统一的框架之内。

基于对公权强势、私权弱势的考虑，基于对现有档案服务政策目标群体的考虑，基于对当下服务问题的考虑，明确服务主体的责任并监督其切实履行、维护服务受体的权利并保障其真正实现，是笔者从政策设计层面展开专题研究的两个核心理念、两条分析主线。

二、档案机构的责任

“责任”这一概念在学术研究上主要出现于两大领域：政治行政学、法学。政治行政学领域是从“责任”和“责任制”概念的起源来研究“政府责任”的内涵以及“责任政府”的构建,着力于“责任机制”在政府管理和服务中的建立,着力于政治体制的创新和转型。中国社会科学院的学者蒋劲松将“责任政府”中的“责任”界定为既包括政府的义务和职能,更包括政府应该承担的宪法上的不利后果和对政府的制裁。从责任构成的角度指出责任是职能与制裁的统一。这个“责任政府”语境中“责任”的特定内涵在结构上也采用通俗理解中的“二分法”。法学领域的“责任”却是强调“后果与制裁”,具有强制性。例如在“民事责任”“违约责任”等概念中,责任与债务是责任一词在日常生活中的通俗理解。

二者是相互关联的,但债务是“法的当为”,具有自愿性质,责任是法的强制。总的看来,政治行政学领域所倡导的“责任”较为宏观,偏重“责任观念”的形成和“责任机制”的完善。法学领域论述的“责任”则更加具体,在刑法、民法、经济法、行政法等不同领域各有所指,偏重不良行为应该承担的具体后果和惩罚。

档案服务机构的“责任”与政府责任存在着相似性和联系性。责任的明确和承担,必须完善责任机制,将行使职权与承担后果相统一。

(一)档案机构与政府机构之间委托或组成关系决定了档案服务机构的“责任”具有政府责任的性质

首先,代表国家和政府行使档案保管和利用职能的国家档案馆是政府在档案管理领域的责任分担者。政府对具有社会公共财产性质的公共档案信息具有收集、保管、提供服务的义务,具有保障当代公民的知情权、信息利用权的职责,具有为子孙后代保留社会记忆和历史财富的责任。作为国家财政拨款的文化事业单位,国家档案馆被授权集中统一管理档案信息,承担了政府的信息管理职责,代表政府行使档案公共服务的职能。其次,政府机关的档案室本身属于行政编制序列,是政府机构的组成部分,其职责均属于政府责任。2007 年 4 月《政府信息公开条例》的出台,明确了行政机关必须履行公开政府信息、提供信息服务的责任,机关档案室理应成为责任主体之一。最后,我国的公共企事业单位具有公共性质,不同于完全受市场支配、参与市场竞争的其他企业,通过各种方式受政府委托在某一领域履行公共服务责任。其产生和掌握的档案信息属于社会公有公用资源,其档案机构也需要承担档案公共服务责任。

(二)档案服务机构责任的明确和承担,依赖于责任机制的完整性,特别是在合理赋权基础上补充相关政策对后果承担的规定

政府公共服务职能的加强和完善客观上需要责任政府的建立,需要明确政府在公共事业、公共管理中应该承担的责任,通过政策的制定实施建立健全责任机制。档案服务要实现从“档案利用服务”向“档案公共服务”的转型,还需要建立完善的责任机制,为公共服务创造良好的政策环境,使档案机构能够切实行使权力,并承担对应责任。政府责任机制的建立包括赋予职能和行使权力、承担责任和接受制裁、责任监督和保障三个环节。档案政策也应该从这三个方面来完善档案馆履行职责的规定。

鉴于档案馆与公众在获取和支配档案信息力量上悬殊较大,鉴于开放档案对档案公共服务的重要意义,鉴于档案馆开放工作的现实困局,以明确责任为主线进行相关政策分析和设计,特别是完善档案开放工作的政策调控,不仅是档案开放破除政策“坚冰”的关键,也是推进档案公共服务的首要专题。

三、档案利用的权利

对“权利”的研究也主要集中于政治学和法学两个领域。“权利是近代政治哲学的核心范畴之一”,洛克、霍布斯、卢梭、孟德斯鸠、穆勒、康德等西方政治思想史上的代表人物,几乎都把个人权利作为政治哲学的出发点。以罗尔斯为代表的新自由主义者更是把个人权利作为政治学说的唯一基础。不同的哲学流派对“个人权利”的价值意蕴有着不同的理解和分析。新自由主义者认为个人权利本质上是一种道德权利,是人类与生俱来的天赋权利,是一种自然权利,无须根据特定的成文法典来解释。而社群主义者持反对意见,认为个人享有的权利是以某种具体的社会规则和社会条件为前提的,个人的正当行为得到国家法律的保护后便成为个人的权利。“权利就是一种由法律规定的人与人之间的社会关系,是一种保护个人正当利益的制度安排,离开了一定的社会规则或法律规范,个人的正当行为就无法转变成不受他人干涉的权利。”正因为权利是依赖于法律而存在的,因此“权利”也

成了重要的法学概念,法学中将权利定义为受法律保护的行为或利益,出现了行为说和利益说的分野。

公民利用档案的权利在法律上已经得到了肯定和认可,完成了从应有权利向法定权利的过渡,然而在具体实现过程中却不尽如人意。档案馆对利用者合法的利用活动横加干涉,利用手续、方式和收费等方面的规定限制了公众充分行使利用权,"自由公平"的服务宗旨在现实生活体现甚微。档案利用权的实现首先表现为合法范围内公众是否能够方便地获取和使用自己所需的信息,能否享受一定的活动自由。已开放(应开放)档案的自由利用权应该被确立为公民利用档案的首要权利,被确立为档案领域的一项基本公民权。

鉴于档案公共服务的最高目标在于维护由公民个体利益所组成的"公共利益",鉴于公民权利在档案领域的实现障碍,鉴于社会对档案利用现状的不满,以维护权利为主线进行相关政策分析和设计,特别是完善档案利用方式、手续和收费规定,不仅是档案利用者能够自由行使权力的关键,也是推进档案公共服务的当前要务。

档案服务从"利用服务"向"公共服务"转型,与档案信息特点、我国档案工作体制和时代环境是吻合的,在理论和现实基础上具有坚实的内在底蕴。但是,这种转型发展需要价值观念的引导和政策力量的支持才能实现。确立相应的服务目标和价值导向,进行体系化梳理和构建,完善政策内容设计,是三个不能偏废的部分。如果将档案公共服务政策比作是一个不断前行的队列方阵,那么政策导向就是指引队列行进方向的"号令"。每一项政策就是组成方阵的"士兵",各自肩负着自身的责任,与其他"士兵"既保持一定距离,又必须步调一致,行动协调。整个方阵构成一个不可分割、相互联系、相互制约的有机整体。

第四节　档案公共服务政策体系构建

政策体系是一定数量具体政策的集合,其构建是一个循序渐进的历史过程,不是一蹴而就的突变现象。档案公共服务政策体系构建必须以现有档案利用服务政策内容框架为原型进行完善和创新。政策体系是在政策导向“号令”下,强化政策之间的相互关系,发挥政策合力,减少政策冲突的“黏合剂”和“强力胶”。档案公共服务政策体系构建应该体现和彰显“共同价值观”,在推进“公共服务”的“号令”下,“管理”与“服务”并重,增加“平民意识”,关注民生、关注个体,目标对象适当地向“社会公众”倾斜。

一、档案利用服务政策体系现存缺憾

总的来看,现有政策在总体结构上具有五多五少的鲜明特征:

一是从政策表现形式来看,领导讲话和会议文件较多,法规规章较少。“长期以来,我国的档案利用服务法制化程度低,主要是依据《档案法》和《档案法实施办法》当中的一些法律条款指导利用工作,还没有形成统一而完善的档案利用法规体系。”实际上,由于我国档案立法的系统化和规范化时间不长,《档案法》出台至今也只有三十余年,惯性思维和现实条件形成了主要依靠政策文件和会议指示来指导具体档案服务工作的现状,政策法律化和程序化还有待加强。

二是从政策适用领域和范围来看,针对特定类型机构和档案信息的垂直政策、部门法规较多,整体协调、统一规范各类档案服务的水平政策较少,规范与引导所有政策制定行为的“元政策”空缺。

水平政策决定了各行各业的档案信息服务意识、内容和方式的契合程度,有利于打破档案管理权限和工作体制形成的“条块分割”局面,推动档案信息的整合利用与社会共享。水平政策的短缺使得不同机构和不同类型档案利用服务缺乏“协调”和“融合”的依据,各自为政、“各行其是”的现象严重影响了整体的档案利用服务效能。

政策是改进政策制定系统和决策程序以提高档案政策科学化和民主化程度的武器,涉及的内容包括:哪些团体和个人,按照怎样的程序,根据什么样的原则,采用什么样的方式,如何制定政策等。元政策空缺是国家政策环境造成的,并不是档案利用服务政策系统的独特现象,但应该引起政策制定者的关注和重视,如鼓励公民参与政策制定,在新的利用服务政策出台前广泛征求社会意见等。

三是从政策客体之所要解决的社会问题来看,目标多样化的综合性政策或非专项政策较多,专门针对“利用服务”出台的专项政策较少,利用服务政策在档案政策系统中“独立性”较弱。由此可见,我国国家档案行政管理机构从政策角度辨析和界定档案利用服务领域出现的问题,并运用政策工具专门分析和解决这一类问题,还有较大的提升空间。

我国档案利用服务政策体系框架在20世纪90年代就已基本形成。效力较高、适用性较广的档案利用服务法律、法规和规章,均出台于这一时期。21世纪以来,虽然档案利用服务政策以领导讲话和专门档案管理规定的形式不断产生,但利用服务的专项政策未见增加且修改进度较慢,政策类别比重和内容结构基本不变,利用服务在档案政策中的独立地位并不明显。这种现象的改善有赖于档案政策类别结构的调整和档案服务政策的系统规划。

四是从政策客体之二——所要调控的目标群体来看,从服务主体角度制定的管理型规定较多,从利用者角度制定的服务型指南较少,政策体系存在“利用者缺位”的不足。

现有档案利用服务政策体系整体上“管理性”十分强势,“服务性”却相对弱势。从档案管理和服务机构角度出发制定的政策占绝大多数,而从档案利用者角度制定的利用指南和利用办法相对缺乏。利用者被作为“管理对象”而非“服务对象”,利用手续和办法并不根据利用者类型集中颁布,而是被包含在林林总总的各类档案“管理规定”之中,在实际工作中仅成为档案管理机构的办事依据,并未成为利用者行使权力的“引路人”和“守护神”。档案工作者对这些政策耳熟能详,社会对其知悉度却十分有限。档案政策普及面的扩大和知悉度的提高不仅需要通过宣传来增加社会档案意识,更加需要档案界强化社会意识,在政策制定之初就补上“利用者”应有的位子。

五是从所规范的服务主体类型来看,以国家档案馆为对象的利用服务政策较多,针对机关单位内部档案机构和专业部门档案机构的规定较少。

大部分利用服务规定都是围绕国家档案馆制定的,政策执行效力并不溯及档案室和内部档案机构。对机关档案和专门(专业)档案虽然也出台了少数条款,但内容过于简单,政策条款相互雷同、缺乏特色,服务要求也并不严格,缺乏与档案馆服务的衔接配合。"利用服务",特别是面向社会的"公共服务"没有成为政策主导。无论是《科学技术档案工作条例》还是《机关档案工作条例》,涉及利用服务的条款都有待增加、细化和创新,并应该强调与其他信息服务政策之间的连接,以便档案信息服务链的形成。

二、档案公共服务政策体系内容规划

档案公共服务政策体系的构建应该兼顾服务者和利用者的需要,以"公共利益"为最高追求,以"开放共享"和"自由公平"为核心价值,控制和规范档案服务者的权力和行为,明确档案机构(特别是国家档案馆)的责任和义务;以方便利用而非仅仅方便管理工作为目的,引导档案利用,调节利用冲突,保障档案信息的公共获取和自由利用。

理想状态的档案公共服务政策应该能够较好地指导和解决档案信息公共服务中的五个重要问题,即由谁服务,为谁服务,提供什么信息,以什么方式服务,实现什么服务功能。理想状态的政策内容体系应该能够涵盖并清晰反映出这五个方面。然而,这一理想状态与现有档案利用服务政策的内容框架相距甚远。在现状调研和理论分析刚刚起步之时,在档案服务具体政策仍存在较多空白之际,抛开原有政策的体系结构,匆忙构建一个单一和超前的体系框架,现实价值较为有限,也失之偏颇。因此,笔者并不想在理论上提出一个单一的框架模型,而致力于尊重现有政策体系结构,从内容规划角度提出档案公共服务政策体系构建的五个思路。只有在这五个方面的具体政策规定不断充实完善的基础上,才能实现理想状态的政策体系构建。

思路一:从"由谁服务"这一问题切入,分别从国家档案馆公共服务、机关档案室开放服务、专门专业档案开发利用、档案中介机构补充服务、档案信息集成网络服务等方面充实政策内容。在此基础上,根据档案信息公共服务供给方——档案机构的不同特点,分别制定档案信息分类管理制度、档案利用程序规范等。我国现有的档案利用服务政策实际上具备了从服务机构角度进行体系构建的雏形,遗憾的是后续的档案信息分类和档案利用规范未能及时出台。这种内容规划思路的优点在于便于档案事业的宏观管理和档案机构的“各司其职”，但必须注意加强服务机构之间的合作沟通，制定相应的水平政策来协调不同机构的服务活动，满足跨部门的信息需求。

思路二：从“为谁服务”这一问题切入，根据不同利用群体特征分别制定学者、青少年及其他群体（如农民、进城务工人员、残障人士等）的服务政策。由于不同的利用群体在利用心理、动机、需求、行为上存在较大差异，对档案服务要求也不同，因此西方发达国家基于长期扎实的利用者研究，已经开始在服务政策制定上从服务机构角度向利用群体角度转变。我国的利用者研究一直处于薄弱状态，因此这条完善之路任重道远。

思路三：从“提供什么信息”这一问题切入，根据档案信息资源的内容和“开放度”进行分类，根据“公共利用”的范围和程度进行服务分级，进一步明确保管不同“开放度”的档案信息机构所承担的服务责任和要求，明确各类信息的利用办法、享受各级服务的申请程序。这种内容规划思路打破了信息管理机构的“条块分割”，以信息内容本身作为政策关注对象，既有利于档案信息服务的融合发展，也有利于利用者更好地实现信息权利。学者周毅也提出“在信息资源开放、开发与共享政策中应规定政府信息、商用信息和公益信息三种不同信息资源的开放与共享规划，按照统筹规划、合理布局的原则实现信息资源的开放与开发”。但是由于档案信息的内容庞杂，开放鉴定较为复杂，公共利用程度不一，因此目前各国普遍做法是先将法定公开范围内的“政府信息资源”进行分类，并根据信息内容和社会需求分别采取公益性服务和经营性服务的方式。

思路四：从“以什么方式服务”这一问题切入，根据档案信息公共服务项目分别完善相关政策。如已公开现行文件阅览、档案信息检索查阅、档案文化展览、爱国主义教育基地、档案汇编出版、网络档案信息发布等目前我国普遍开展的服务项目都亟须得到政策支持和规范。

思路五：从档案信息公共服务的功能和价值切入，分别从学术研究、宣传教育、政务公开、学习休闲、维护权益等档案利用价值实现的五个维度来完善相关政策。

档案服务政策体系的结构分析和系统构建不是一个纯理论性的学术研究，而是为了加强政策之间的配套和衔接，减少相关政策“不统一、不一致”的现象，减少政策实施过程中的相互“磨损”。为此，对于当前已经初具规模的档案服务政策体系，无论采取何种规划思路来完善内容，都必须特别关注政策的协调联动，才能真正发挥政策体系构建的意义。

三、政策联动促进档案服务融合发展

政策联动有利于促进档案信息服务与其他信息服务的融合，改变服务“断流”现象，提高社会公众利用信息的效率和效益。从服务融合的两个层次四个方面来看，政策联动不仅包括档案服务政策体系内部规定的衔接，还涉及档案服务与其他信息服务政策及社会服务政策的互动。应该从四个方面来完善：

一是通过政策联动促进现行文件服务和档案信息服务的融合。

如加强《政府信息公开条例》《机关档案工作条例》之间的配套，增加机关档案室和其他公共部门（如国有企事业单位）的利用服务规定，改变档案信息公共服务主体仅为档案馆的“一枝独秀”状况，特别是增加机关档案室的“公共服务”责任。再如，在补充制定《国家档案馆已公开现行文件阅览中心管理办法》时，注意已公开现行文件查阅规定和相关档案查阅规定的一致性。

二是通过政策联动促进各种档案服务方式和项目之间的融合。

如在开放范围、审查程序上统一纸质档案开放与档案网上开放标准，推进档案数字化后网络服务的开展，实实在在地发挥现代档案服务技术的效能。

三是通过政策联动促进档案信息服务与图书、情报等其他信息服务的合作。

我国《档案法》第十二条提出了“档案馆与上述单位（指博物馆、图书馆、纪念馆等单位）应当在档案的利用方面互相协作”，但一直没有具体的政策建议和意见。2003 年，英国现代语言协会（MLA，Modern Language Association）发布了博物馆、图书馆和档案馆的标准和指南，将三个不同类型的公共文化服务机构放置在统一的国家政策框架之内。“MLA 标准和指南”包括了较为广泛的内容，如国家标准、推荐方案、专业标准、技术标准、相关立法指南、专业规则等。在该标准指南中，博物馆、图书馆和档案馆的相关政策既相互独立又相互联系，既对各自领域的标准和政策分别列出目录、内容简介和获取地址，又对三个领域的所有标准文本进行了目录汇编。同时，为了加强跨领域的信息服务融合，专门列出了适用于两个或三个领域的标准指南共计52个。

四是通过政策联动促进档案服务融入社会，融入政府向全社会提供的公共文化和教育服务之中。

档案信息服务并不是一个独立于社会的服务系统，作为国家和政府有责任提供的"公共产品"，它实际上与社会文化和教育服务是融为一体的。

英国档案信息服务的最大特色是档案馆积极参与社会文化生活，档案信息利用已经成为公众文化休闲的一部分。如英国利物浦就在其政府官方网站的"休闲与文化"栏目下提供档案信息网络服务，公众无须登录专门的档案服务机构网站，就能获取档案目录并向有关机构咨询利用信息。这种向社会渗透和融合的档案信息服务最佳实践是政策推进的结果。英国传媒和运动部（DCMS，Department for Culture，Media and Sport）2000年发布的《社会变革中心：所有人的博物馆、美术馆和档案馆》专门对档案馆和相关公共文化机构如何实施社会融入策略提供了政策制定指南。为了鼓励档案馆及其相关公共文化机构都将社会融入作为服务策略，该政策指南为档案馆等机构的社会融入政策制定提供了背景信息。如定义了社会排斥，提供了最佳实践的案例研究，分析了社会融入对档案馆、博物馆和美术馆的挑战等。还特别指出，消除社会排斥的行动需要与档案馆保存和解释馆藏、开展文化教育和鉴定新文件等责任相互平衡。

此外，档案服务还应该借助政策力量充分发挥其社会教育功能。我国学者已开始提出档案利用服务与我国教育制度联动的建议，指出目前"国家教育制度中缺乏利用档案信息资源方面的要求"。"档案馆作为'爱国主义教育基地'和'社会各方面利用档案史料的中心'作用的发挥，一般应同国家的教育制度相衔接。如果缺乏教育培养，国民的整体档案意识水平就很难得到根本性提高。"

当然，政策联动本身需要高于具体政策的"元政策"进行协调。长期以来，受到政策科学研究环境的影响，元政策研究并没有引起足够重视。档案利用服务政策制定主体也只是在传统的习惯了的元政策框架内制定政策,很少考虑新的方法和程序。通过元政策的完善,如制定程序、制定原则、制定组织与公众参与等方面的改革,加强配套政策之间的联动,还做得远远不够。

政策目标导向是否能够实现,政策体系框架是否科学合理,最终取决于在一定的指导方针下和体系规划内,具体政策的内容组成和条款设计。而政策指导方向的确立,政策体系框架的规划调整,其最终目的也是为了出台的相关政策具有整体性、科学性、协调性和可行性。因此,如果说政策导向是政策宏观层面的价值追寻,政策体系的勾勒是仍显抽象的中观构想,那么政策设计则是微观的、具体的、实在的内容分析。对于政策的目标群体来说,具体政策规定是其行为活动的规则和依据。对于政策的功能发挥来说,落实具体政策才能引导观念、管制行为、调控冲突和分配利益。因此,以具体政策规定为专题,深入研究从利用服务政策到公共服务政策的完善创新,是本书的实际落脚点。

第三章　高校档案开放工作政策

档案公共服务是具有公共性质的档案部门受政府委托,为了实现档案领域的“公共利益”而向社会公众提供的“公共产品”。这种具有极强“公共性”的信息服务不是受经济利润的驱动而进行的,特别需要强调档案服务者的职业道德和公共责任意识。在档案公共服务领域,虽然档案机构和利用者都应该履行自己应尽的责任和义务,但“责任”对于档案服务方(尤其是公共性最强的档案馆)来说,更加亟须明确且不容推脱。“档案开放”本身就是档案馆提供公共服务无法绕开的第一责任。由此可见,从政策角度认识和处理开放问题,特别是开放工作中的“责任”问题,应是档案公共服务政策研究的首要专题。

本章分为三个部分:首先通过案例分析引出对档案开放现实问题——档案馆的尴尬和困惑的思考,并解读困局形成的深层归因——“责任”问题的认识偏差和责任规定的缺憾(为什么)。其次,分析档案馆在开放中的责任平衡和责任边界问题,提出对档案馆“主要责任”和“有限责任”的理论认识(关键是什么);并在分析现有档案开放政策体系构成的基础上,结合政策环境的时代变化,重新审视现有开放政策中存在的“责任”问题。最后,基于对档案开放现况和档案开放政策依据的分析,探索档案开放责任机制的内容设计(如何做)。

第一节　档案开放存在的障碍

档案开放工作相关政策的改进和制定与开放问题的理解认识是“融为一体”的,任何政策分析和建议必须基于对政策问题(即政策能够解决和应该解决的问题)的界定和把握。

我们必须认识到:其一,无论法规对解密和划控的程序条款制定得多么细致,保密和开放的复杂性还是会让档案馆在实际工作中面临价值选择和判断的棘手问题。其二,档案馆的“胆小怕事”仅仅依靠批评和指责无法消除,开放政策应该尽量发挥导向和调控功能以改变现状。其三,当我们建议完善档案开放法规来保护更多权利主体的利益时,也应该思考档案馆是否能够兼顾如此多样的“责任”之重。

实际上,无论是档案开放封闭期的缩短、开放范围的扩大,还是档案开放中公民自由利用权利的实现,最终都将从一纸规定落实到档案馆及其人员的具体工作。也就是说,即使档案政策对开放时间、范围和内容做进一步明确和细化,如果没有配套的责任条款来限制档案服务者的“自由裁量”空间、划清其责任范围,没有配套的责任机制来规范档案馆在开放中的行为活动,没有社会监督和问责的压力,没有免责规定的保护,档案开放恐怕还是难以成为一项日常性工作,而仍然停留在政策文本之中,间或出现在媒体对档案工作的宣传报道之中。正确认识和合理界定责任范围是档案馆积极扩大开放的前提条件。因此,目前档案开放难以突破的深层原因在于“责任”认识的偏差,而“责任规定”的缺憾则影响了政策对档案开放工作的调控效力。

第二节　重新审视现有档案开放政策

国家档案局出台的相关政策对档案开放一直都持鼓励态度。如 1988 年 8 月座谈会纪要中就提出要消除各种思想顾虑,消除对界限掌握不好而犯错误、加剧档案磨损、档案馆应接不暇等顾虑。“尽量把工作做细一些,力争不出问题或少出问题,而决不容许怕出问题而不开放或消极拖延。”国家政策中档案开放的导向明确,而实践领域的政策贯彻却差之千里,因“怕出问题”而“不开放或消极拖延”的现象使我国档案开放比例与国外相差甚远。

现实问题的解决恐怕不仅仅在于开放意识的倡导和宣传,还需要政策设计的配合与创新,即以“明确责任”为突破口,重新认识档案馆在开放中的“责任”平衡和边界问题,重新审视新环境下的现有开放政策,并相应地做出应对之策。

一、责任平衡和责任边界

前文所述的两个现实案例凸显了档案馆在开放过程中所面临的两个问题：一是如何平衡“保密责任”和“开放责任”之间的冲突，二是如何合理划分档案馆在开放中的责任边界。因此，很有必要适时提出并重新认定档案馆在开放中的“主要责任”和“有限责任”。

（一）档案馆的主要责任

档案开放之所以成为档案工作中最为复杂和棘手的问题，根源于信息“保密”与“公开”之间的冲突与矛盾。一方面，为了充分发挥档案信息的价值，需要尽可能地向社会开放档案，满足社会的知情权和信息权；另一方面，为了防止国家、组织和个人利益因为信息公开而受到侵害，又要对信息进行保密控制。由于开放与保密都是为了维护“公共利益”，维护国家、组织和个人的合法权益，本质上是一致的，这就导致了档案馆在对一份档案是否开放进行判断时常常面临着两种价值选择，承担着双重责任——保密责任和开放责任。

尽管保密与开放两种责任的平衡十分困难，但档案馆在开放工作中还是必须时常做出艰难的抉择。从前面的案例以及笔者对我国档案馆的调研来看，虽然理论上“保密”与“开放”同样重要，实际工作中档案馆却大多优先考虑“保密责任”，而且这种“保密”更多地被狭义理解为“保守国家秘密”。“保密责任”重于“开放责任”，是档案机构对自身定位不清而出现的认识偏差，亟须通过政策调控来进行意识引导，即明确档案馆的主要责任是“扩大开放”而非“保守秘密”；档案馆作为科学文化事业单位而非国家保密机构，主要职责是提供尽可能丰富的档案信息满足人民精神文化需求。

对于档案领域公共服务提供者——档案馆而言，他们的“绝对”责任是“提供档案信息为社会服务”，需要通过扩大档案开放、消除不必要的信息控制来实现。这个意义上的档案机构是站在公众立场上而不是政府立场上的，是国家公权和公民私权在信息领域的一个协调机构，是“公民信息权的维护者”而不是“保密机构的同盟者”。

《国际档案理事会职业道德准则》第三条和第六条也强调了档案工作者的主要职责是,“应该确保档案材料能够持续被获取和可理解”,“应该尽可能广泛地提供利用档案资料,并无歧视地服务于所有利用者”。

当然,档案馆在开放档案时也需要遵守其他法律规定,需要平衡档案利用者、形成者和所有者等众多主体的利益诉求。因此,《国际档案理事会职业道德准则》第七条规定了“档案工作者应该遵守利用和隐私两原则,遵守有关的法令法规。档案工作者应注意保护集体和个人的隐私及国家的安全利益,不得销毁信息,尤其是易于更新和消除的电子文件信息。他们应尊重文件产生人员或文件所涉及的人员的隐私,特别是对那些是否提供利用或处理做出表态的文件”。

然而,“保密”并非档案馆应该承担的绝对责任,只是属于“提出某种适当理由的行为的普通责任”。首先,档案馆对信息的保密控制是为了更好地“提供信息服务”,与保密机构存在本质的区别。档案服务者并非国家保密局的工作人员,并不具有定密、划密的权力,“保守国家秘密”也并非档案馆的主要责任。在国外,国家档案机构通常都是作为解密的监督、审查者身份出现的。如美国保密法就规定,“解除秘密信息的密级要进行系统解密审查”,“审查大量具有永久历史价值或其他价值的秘密档案,以便解除信息的密级。这种审查可由本部门完成,也可将档案连同解密信息密级的原则提交美国国家档案馆馆长审查”。其次,保护商业机密和个人隐私、遵守《知识产权法》和《隐私权法》是每个公共机构和社会公民都必须遵守的,并非档案馆的绝对责任。档案馆不是“守门人”而是信息的“引导者”,对于其他法规限制使用的档案信息,档案馆的责任是在合法范围内提供利用,如依据知识产权合理使用制度、签订利用协议、设置利用权限等方法来引导利用;而不是“束之高阁”或“再设屏障”。

由此可见,档案开放工作寻求突破的关键点在于档案馆明确自身定位,特别是在双重责任的冲突中始终把握住自己的“绝对责任”和“主要责任”是“扩大开放,提供利用”,在明确主要责任的基础上平衡利益冲突,进行价值判断。

(二)档案馆的有限责任

明确了档案馆的“主要责任”是“开放”而非“保密”,有利于档案部门在面临开放与否的难题时,正视利益冲突和矛盾,把握自身定位,不以保密义务为借口逃避问题。档案馆肩负着为全社会提供档案服务的职责,应该更加慎重对待“信息控制”,应该代表公众监督档案解密,审查档案形成机构的划控范围是否合理,是否存在保密过度的现象。因此,在开放工作中,档案馆的责任更多地体现在“审查、协助和监督”解密工作之上,在档案开放过程中承担着一种“有限责任”,需要与档案形成者、历史学家、保密部门等共同合作、责任共担,才能真正实现档案开放的突破。目前,我国档案开放政策将开放主体局限于档案馆,定密、解密、降密的直接责任人——档案形成者却无开放义务,不仅导致了文件和档案开放的“衔接断层”,而且使档案馆承担了超出自身能力范围的过多的“解密责任”,使档案界形成了档案馆在开放工作承担“无限责任”的认识偏差。

档案馆在开放中的“责任”承担经历了一个从“无责任”到“无限责任”的两极分化过程。“档案开放”方针提出之前,我国档案服务政策并未规定档案馆具有“开放档案”的义务,档案开放主体不明确,档案馆对于“开放与否”并不承担责任。20 世纪 80 年代之后,各级国家档案馆的“开放义务”被写入了档案法律、行政法规和规章之中,档案馆的“开放责任”成为法定责任。但这种责任由于政策的模糊性和配套规定的缺乏而呈现扩大化趋势,责任边界不清使档案馆承受了开放的“无限责任”。具体表现在两个方面:一是我国档案政策中关于档案开放责任主体的规定使得档案馆独立挑起了“开放”重担,本应由档案形成机构共同分担的“解密责任”也转嫁到档案馆头上,扩大了档案馆的责任范围。二是对于已开放的档案,档案政策又赋予档案馆公布权来控制利用方式和传播范围。这无形中造成了档案馆对于“已开放档案”的不当利用承担连带责任,扩大了其责任边界。“档案馆在有些情况下承担了在出版之前检查读者的笔记和手稿的责任。然而,这种值得商榷的做法不仅把档案馆变成了一个审查机关,而且将他们置于了不利的位置,因为它让档案馆共同承担了可能被起诉的开放档案的责任。”

在档案开放陷于困局的现实环境下,我们有必要重新审视档案馆在开放中应该承担的责任,合理划分档案馆的责任边界,赋予档案馆“有限责任”。历史学家沈志华就曾指出我国档案馆职能定位不清源于“责任”边界不明。档案开放难以突破,"关键问题是把档案的解密和利用两个职能集于档案馆一身,就是说档案馆既要负责解密工作——这使它承担了重大的保密责任,又要负责利用工作——这使它承担了为研究者提供服务的责任。这两者显然是互相矛盾和对立的。在一般发达国家,档案解密是由一个专门机构负责,那里有一批经过专业训练并掌握国家政策的工作人员。凡是不影响国家安全和涉及个人隐私的档案,到期都会得到解密。而档案馆只负责保管和为研究者提供服务,他们的目的就是使尽量多的学者在那里使用尽量多的档案,档案的利用程度就是他们业绩的标尺"。

从国外的档案开放机制和档案馆的责任来看,"监督、协助、审查"档案解密是国家档案馆的核心职能之一。如美国国家档案馆定期组织召开"解密审查会议",对档案解密进行系统审查;设立档案鉴定专家席位和开放委员会,力求开放工作的专业化。美国还实行了"定密官制度",信息的解密由定密者决定,档案文件开放与否,在进馆之前就由档案形成者进行了鉴定、判断和标识,档案馆只须对此进行审查和监督,而不是单独承担鉴定义务,也不是直接鉴定人。"美国进入档案馆的档案只有文件的3%~5%,而且每份文件都有具体的解密日期,档案开放得以有条不紊地进行,无须再做开放鉴定。"档案馆"有限责任"是以"主要责任"为前提的。正因为档案馆的主要责任是"扩大开放,提供利用",因此档案馆在开放鉴定和档案解密中,责任是有限的,具有一定的边界范围。档案馆应站在社会公众的立场上,作为"监督主体"来促进档案开放,而不是取代档案形成者成为档案定密和解密的"执行主体"。即使是那些原形成单位已经变更和消失的档案文件,档案馆也应该根据职能活动和业务性质,与承续机构或相关部门通力合作,共同进行开放鉴定,一起分担"解密责任"。

二、档案开放工作政策依据

提出并阐释档案馆在"开放"中的"主要责任"和"有限责任",是为了档案界在提供档案公共服务之初,就把握处理好一些"理论性和方针政策性的问题",从理论意识上纠正认识偏差,跨越思想的藩篱,破除思维的坚冰。然而,档案开放的破冰之路从学界的反思呐喊走向实践者的行动指南,还必须依靠档案政策作为桥梁和纽带。

我国的档案开放政策从1980年国家档案局发布《关于开放历史档案的几点意见》和1982年中央办公厅、国务院办公厅转发国家档案局《关于开放历史档案问题的报告》至今，逐渐形成了上至《中华人民共和国档案法》及其实施办法、下至各级各类档案馆开放档案实施细则的有机体系。构筑了以《中华人民共和国档案法》及其实施办法为根本准绳和基本政策，以三个部门规章为重要依据和具体指导，以三个保密法规为重要组成和配套规定，以三大行政法规等相关规定为补充的政策格局和内容体系。

（一）根本准绳和基本政策

《中华人民共和国档案法》（1987年9月5日第六届全国人民代表大会常务委员会第二十二次会议通过，根据2016年11月7日第十二届全国人民代表大会常务委员会第二十四次会议《关于修改〈中华人民共和国对外贸易法〉等十二部法律的决定》第二次修正，2020年6月20日第十三届全国人民代表大会常务委员会第十九次会议修订。以下简称《档案法》）及《中华人民共和国档案法实施办法》（1990年施行、1999年修改。以下简称《档案法实施办法》）是我国档案开放工作的根本准绳和基本政策。

《档案法》第四章专门规范了“档案的利用与公布”，设立五个条款分别确立了档案开放期限、开放方式（目录）、已开放档案的利用、未开放档案的利用、开放利用限制和公布权归属等内容。《档案法》首次以法律形式明确了档案开放的时限，设置了档案部门对开放时间的部分自由裁量权和公布开放档案目录的义务，但《档案法》中的开放条款因封闭期设置过长、时限分档过粗而影响了对开放工作的鼓励引导，执行力和操作性并不理想。

《档案法实施办法》对应《档案法》的有关规定，在第四章“档案的利用与公布”中进一步细化档案开放起始时间、档案缩微复制品的开放、已开放和未开放档案利用的具体程序、档案公布的七种形式及内涵、不同所有权归属的档案的公布权限和程序。《档案法实施办法》重点细化了档案开放和公布规定，将档案的开放时间分为四种情况，对档案公布形式和权属的明确也占用了较大篇幅。但遗憾的是，档案开放与公布被分割成两个相互独立的概念而没有在政策设计上加以衔接。

（二）重要依据和具体指导

国家档案局发布的关于档案开放利用的3个部门规章是我国档案开放工作的重要依据和具体指导。

《各级国家档案馆馆藏档案解密和划分控制使用范围的暂行规定》（1991年9月发布施行）是为了正确处理保守国家秘密与开放档案的关系，协调《档案法》和《中华人民共和国保守国家秘密法》之间的关系而设立的。内容包括解密时间期限、执行机构和程序、形成满30年的已解密的档案和未定密级的其他档案的20条控制使用内容范围。这一规定更多地从“保密”而非“开放”角度设计条款，细化了控制使用的标准依据，却未细化强制解密和开放的标准依据；规定了“不得擅自开放或者扩大利用、接触范围”，却未有“不得擅自扩大保密范围和不得擅自拖延解密期限”的规定。

《各级国家档案馆开放档案办法》（1991年12月颁布、1992年施行）是目前直接针对“档案开放”的部门规章，其第二条对形成满30年仍不能开放的档案有更为具体的时间限定。对于到期开放的鉴定组织和审批机构、寄存档案开放办法、开放档案整理保护、档案开放形式（设置阅览室）、开放利用手续、收费、复制、公布、编研等内容也进行了规定。地方各级各类档案馆开放档案实施细则基本都以此《办法》为设计框架和蓝本进行适当修改而制定。《办法》在开放时间上的细化规定局限于“延期开放”的情况，对“提前开放”“按时开放”仍无明确详细的条款设计。

《外国组织和个人利用我国档案试行办法》（1991年12月颁布、1992年施行）是我国档案馆向域外人士开放档案和提供利用的部门规章，共10条。该规章虽然允许外国组织和个人直接到各级国家档案馆通过阅览、复制、摘录、函电等方式利用已开放的档案，但却设置了较为严格的申请手续或部门介绍等规定，并要求申请时说明利用者身份、利用目的和范围以及提前30天申请。尽管该《办法》没有体现出“内外一致”的平等原则，但却是我国唯一一部从利用者角度而非档案馆角度制定的档案服务规章，在政策设计的内容表述上更便于利用者理解和参照执行。

（三）重要组成和配套规定

国家保密局和国家档案局发布的3个保密法规是我国档案开放政策的重要组成和配套规定，也是目前制约档案开放的限制性条款。

《中华人民共和国保守国家秘密法》（2010年4月29日修订通过，自2010年10月1日起施行。下面简称《保密法》）由总则、国家秘密的范围和密级、保密制度、法律责任、附则五章组成，共35条。《保密法》规定了国家秘密存在的7个基本方面，并将其划分为“绝密”“机密”“秘密”三个等级；规定了国家秘密及密级具体范围的确定权限，还对各级单位所产生事项的密级确定和审定机构做了相应规定，为各地各部门保密工作提供了法律依据。《中华人民共和国保守国家秘密法实施办法》于2014年3月1日起施行，在《保密法》七条属于国家秘密事项的基础上，又补充规定了泄密后会给国家的安全和利益造成的八种损害后果，扩大和细化了保密范围。在第二章“确定密级、变更密级和解密”中进一步规定了密级不明确时的定密机构和权限，以及变更和解密程序。

《国家秘密保密期限的规定》（1990年9月19日公布）从时间上了明确了保密信息的封闭年限，是档案封闭期和开放时限的重要依据，其第三条规定：国家秘密的保密期限，除有特殊规定外，绝密级事项不超过30年，机密级事项不超过20年，秘密级事项不超过10年。

《档案工作中国家秘密及其密级具体范围的规定》（1990年2月14日发布）是国家档案局会同国家保密局联合制定的档案领域的保密规章。明确了档案工作中的绝密、机密、秘密事项具体范围；并规定了不属于国家秘密，但应当作为内部事项管理，不得擅自扩散的4类事项。

此外，由于档案开放涉及的机构组成复杂、信息内容领域广泛，仅仅依据档案法律、部门规章和保密法规无法解决所有现实问题。因此，以《机关档案工作条例》（1983年4月28日发布施行）、《档案馆工作通则》（1983年4月26日发布施行）、《科学技术档案工作条例》（1980年12月27日发布施行）为代表的相关行政法规和规章、领导讲话和指示以及档案工作文件共同成为档案开放工作的补充依据。

三、现有档案开放政策的“责任”缺憾

我国从1980年至今陆续出台了一系列与档案开放有关的政策文件和法规规章,不断完善档案馆开放工作的政策依据,逐渐向公众敞开档案利用的大门,促进了档案公共服务,为社会民主进程的推进和公民知情权的实现做出了力所能及的贡献。但是,在档案界官僚气息和行政色彩较浓时期出台的开放政策具有一定的历史局限性,档案服务主体责任意识淡薄、对档案馆开放责任认识偏差直接导致了档案开放政策在责任规定上存在较多缺憾:主要责任定位不准确、责任机制不健全。对责任监督和保障的重视,使得档案开放政策的“责任”缺憾更加突出。

(一)“保密责任”重于“开放责任”

国家各级各类档案馆作为科学文化事业单位,应站在公众立场上摆正自己在档案开放中的位置,将自身定位于“信息的引导者”和“公民信息权的维护者”。明确其主要责任和绝对责任是“扩大开放”而非“保守秘密”,处理好开放工作中的责任冲突,实现责任平衡。基于这一理论认识重新审视相关规定,现有档案开放政策在明确档案馆的主要责任方面存在缺憾,其条款内容更加重视“保密责任”的实现而非“开放责任”的履行,具体表现为,在开放的时间规定中设置了过长封闭期、在开放的客体规定中设置了宽泛的保密范围。

首先,档案开放政策中封闭期限的设置是开放与保密相互博弈的结果,对档案馆主要责任的定位起到一定的引导作用,封闭期过长不利于档案馆履行自身的开放责任。

档案封闭期是为了保密需要而设立的,通过设定时间界限滞后社会对某些档案信息的接触和使用,从而防止秘密的泄露,维护相关利益。档案馆的开放责任要求尽量缩小档案形成与社会利用之间的时差,最大限度地缩短封闭期;档案馆的保密责任则需要通过拉开这种时差来防止信息扩散。从国内外档案开放政策来看,保密责任越强,封闭期限越长,为了防止泄密必须牺牲开放的及时性。例如西方各国对于涉及个人隐私的档案信息,都设置较长封闭期,日本国家档案馆个人档案的限制期限最短为30年,最长为80年以上。反之,开放需要越强,封闭期限则随之

缩短。

档案封闭期不断缩短的趋势反映出开放责任意识对于传统保密观念的冲击和取代。各国纷纷建立的政府信息公开制度甚至取消了部分政府档案信息的封闭期。在各国信息公开制度推动下,"30 年"的档案封闭期惯例已被打破。法国于 2001 年开始着手制定新的档案法,增设文件形成后立即开放规定,并将开放一般期限缩短为 25 年。英国根据《信息公开法》删除了 30 年封闭期的规定。"瑞典的官方文件的开放没有特殊的限制,只有在涉及公众利益、个人隐私和商业机密时才限制利用,没有具体的不开放期。"

我国于 20 世纪 90 年代设立的"30 年"封闭期显然已难以适应新的政策环境,过长的封闭期设置使得档案馆过于关注自身的"保密责任"而忽视了及时开放档案的社会需求。2007 年 4 月出台的《政府信息公开条例》第十八条规定,"属于主动公开范围的政府信息,应当自该政府信息形成或者变更之日起 20 个工作日内予以公开"。政府信息公开时限的设置以"工作日"为计算单位,政府信息"档案化"后的开放时限却以"30 年"为时间跨度,这种时间单位差别所体现的信息公开时效"断层"显然过大,不利于政策之间的相互衔接。而且,已经公开的政府信息移交档案馆后显然无须再设置封闭期,档案开放政策对于这类信息的开放时限应该尽快做出调整。我国档案界也有学者提出"不设置 30 年的封闭期,使应该开放的档案开放,应该自由利用的档案自由利用;使应该保密的保密,应该限制利用的限制利用",以及"缩短档案开放期限,拓宽'随时开放'范围"的建议。

其次,档案开放政策中开放与保密范围的设置方式反映出一定的政策倾向,开放范围模糊、保密范围宽泛的条款设计不仅不能提高档案馆的开放热情,反而一再强化了档案馆"保密优先"的错误认识。

从政策设计和立法技术的角度来看,档案开放与保密的客体范围可以采取两种方式加以设置:一是肯定概括和否定列举方式,即详细罗列不予开放的档案内容范围,将保密作为开放的"例外",凡不属于例外范畴的档案信息均视为当然开放,充分体现"以公开为原则,以不公开为例外"的政策思路。二是肯定列举和否定概括方式,即详细罗列可以开放的档案内容范围,将开放作为保密的"例外",凡不属于例外范畴的档案信息均不得在封闭期未满前开放,体现出“以保密为原则,以开放为例外”的政策思路。两种设置方式不仅在内容条款上存在差异,更重要的是反映了倾向于“保密”抑或“开放”的不同价值观,影响着档案馆在开放工作中的价值选择。

我国档案开放的根本准绳——《档案法》及其实施办法以肯定列举和否定概括的方式将可以提前开放(包括即日开放和随时开放)和满 30 年开放的档案分三款列出,体现出“一般为满 30 年后开放,提前开放是例外”的基本思路。

在条款设计中,一方面,肯定列举的提前开放范围边界模糊,难以操作。如实施办法中规定“自本法实施之日起向社会开放”的档案为“中华人民共和国成立以前的档案”(包括清代和清代以前的档案;民国时期的档案和革命历史档案)。仅从档案形成的时间特征来粗略划分“未满 30 年提前开放”的范围,在实际工作中操作性极弱。另一方面,否定概括的“满 30 年仍不开放”范围十分宽泛,缺乏必要的限制。除“前款所列(即指提前开放和 30 年开放的三款)档案中涉及国防、外交、公安、国家安全等国家重大利益的档案”需要推迟开放外,“档案馆认为到期不宜开放的档案”也属于此列。这种开放范围模糊、不开放范围宽泛的条款设计背后隐藏着“保密优先于开放”“保密重于开放”的保守思想。档案馆为了规避风险或是减少工作,可轻易地以“保密责任”为借口不履行“开放义务”,使得开放工作难以摆脱“过度保密”的阴影。

与我国档案开放政策极为关注档案馆的“保密责任”形成鲜明对比的是,一些开放度较高的西方国家在政策设计上尽量减轻档案馆的“保密责任”,档案法规与政府信息公开立法紧密衔接,“信息公开”是档案馆的主要责任。比如在美国,无论是文件,还是档案的利用都受到《信息自由法》和《联邦文件管理法》的规范。按照规定,文件应该尽可能向社会公开,公开的方式如主动公开、请求公开、个人信息向本人公开等。文件形成 30 年后,由国家档案专员对文件的保存价值进行评估,符合条件的转入档案馆,文件进入档案馆的时间,基本上就是其被解密的时限。档案馆不承担对开放档案的后果进行预测的责任,更无须在档案的开放与不开放之间徘徊。又比如按照荷兰档案法的规定,产生 20 年后的政府文件应转交档案馆,转交档案馆的文件原则上应当公开,供公众查阅,即使是秘密文件,原来的定密一律无效,档案不公开的例外受到法律严格限定。

(二)责任赋予、承担和监督机制不全

我国《档案法》指出,档案馆代表国家行使档案开放和公布的权力。但《档案法》对于档案馆的开放责任却未设立强制性条款,"应当"开放而非"必须"开放折射出责任要求的宽松。相关配套政策在责任规定上的欠缺,一方面表现为政策条文在时间和范围上对档案开放设置了过多障碍,倾向于为档案馆"保密责任"的履行提供更明确细致的指导。另一方面,现有的为数不少的开放政策在档案馆的责任规定上缺乏整体设计,未能建立起一套健全的责任机制。

完整的责任机制在内容上包括赋予职能和行使权力、承担责任和接受制裁、责任监督和保障三个环节。基于这一理论认识重新审视相关规定,现有开放政策中责任机制的欠缺突出表现在三个方面。

1. 开放责任主体单一,责任依据过于粗放

从档案开放政策适用主体来看,无论是《档案法》及其实施办法中提及的档案开放主体,还是《各级国家档案馆开放档案办法》本身标题的表述,抑或档案开放实际工作的开展,开放一直约定俗成地限定为"国家档案馆""各级各类档案馆"的职责,机关档案室并非开放责任主体。《机关档案工作条例》第二十一条还规定"机关档案部门保管的档案,是现行档案,主要供本机关和上级主管机关使用,不属于开放范围。对外提供利用需经上级主管机关批准"。开放责任主体的单一化不仅使得档案定密机关的解密工作脱离了社会公众的监督视线,成为一项不受监督的虚设责任,而且将原本属于档案形成机关的解密责任也转移到档案馆身上。

我国《保密法》明确规定了解密责任应该由确定密级和保密期限的机关、单位或者其上级机关承担。但法规中未能明确定密主体权限,导致了保密范围的随意化和扩大化,使得解密制度无法落实。据统计,目前我国解密的数量只占定密总数2%。大量无须保密的档案信息移交档案馆后尚未解密,影响了开放工作的进度。档案解密是开放利用的前提。《保密法》中定密和解密主体的宽泛和模糊,档案政

策中机关开放责任的空缺,使得档案馆在开放工作中承受了过多的解密压力,也因此承担了开放不力的所有责任。此外,档案解密虽然是开放的前提却并不等同于开放利用。从档案解密到开放利用还需要经历信息整理、目录公开、提供服务等工作环节,这就意味着档案开放工作实际上由档案解密和提供公共利用两项内容组成。档案开放政策应该在增加档案开放责任主体的基础上,合理划分和进一步明确不同主体的责任范围和边界,明确档案解密是档案形成机关的职责范围,而提供公共利用才是档案馆应尽的责任,两者应该责任共担、相互合作。档案馆在档案解密和开放鉴定中应负有"审查、监督和协助"的责任。

责任主体的设定以及责任范围的划分是为了让政策赋予档案馆的职责与其实际能力和条件相匹配。但是,档案馆能否合理行使职权,切实担起责任还需要明确细致的政策依据。目前的档案开放政策原则性较强,操作性不足,程序性规定缺乏,内容条款过于粗放。《各级国家档案馆馆藏档案解密和划分控制使用范围的暂行规定》虽将控制使用的档案范围细化为 20 条,但政策尚未对"经济、科学、技术、文化类且不涉及国家利益"应尽快开放的档案范围进行明确,《档案提前开放实施办法》至今也未出台。"按照《档案法》及《档案法实施办法》的规定,还有很多制度需要制定和完善,现有的一些法律法规也还需要进一步细化。如,可以随时开放的档案的具体范围、延期开放的档案的具体范围,利用档案馆未开放档案的程序与办法、利用机关档案室未开放档案的程序与办法等等。"

2. 责任承担存在缺口,政策激励不足

《档案法》规定了 8 种档案违法行为要追究责任,而对于不作为的追究却是空白。规定了"擅自提供、抄录、公布属于国家所有的档案"应负法律责任,却未规定"擅自不开放档案"的法律责任。

档案馆能够承担的责任是有限的。档案开放与保密的复杂性使档案馆的开放工作较为敏感,任务繁重,压力较大。目前档案开放规定中还缺少一定的政策激励机制来鼓励档案馆敢于承担责任、不因风险存在而逃避义务;档案馆在开放利用之时也没有免责条款的保护,不能豁免其无法预料和控制而造成的部分不良后果。

3. 监督信息严重不足，沟通渠道不畅

档案开放困局的存在，一方面与政策设计的时限过长、不够细化、责任边界模糊、责任追究不力有关；另一方面也由于政策实施缺乏社会监督和执行压力，“缺失”了相应的“监督和保障”条款。实现责任监督的前提是保持监督主体和对象之间有畅通的沟通渠道，让社会公众掌握必要的监督信息。目前档案开放工作的监督信息严重不足，相关政策的缺失难辞其咎。

其一，档案开放政策中设立了四种开放时限和情况，却没有向社会公布各种情况档案数量及类别，使得开放工作完全是自由裁定、内部操作。社会利用者对具体档案的形成年代或许可以基本判定，但无法了解究竟哪些档案属于“经济、科学、技术、文化类且不涉及国家利益”，哪些档案属于“到期不宜开放”，只有当查阅要求被拒绝时才被告知“尚未开放”。这不仅无法由社会对开放工作进行外部监督，也削弱了档案部门向利用者解释的说服力，影响了档案馆与社会公众之间的理解沟通。

其二，尽管《档案法》明确规定了“档案馆应该定期公布开放档案的目录”，但档案馆馆藏档案数量和可开放比例并不公开，档案馆公布的开放档案目录是否及时全面也无衡量标准。

其三，对可以开放但暂未开放档案的利用申请，因为既无明确公开的申请审批程序和依据，也无说明理由制度规定必须答复，常常是不了了之或简单否定，让利用者心有不甘、心生怨气。

档案开放瓶颈的突破首先需要破除“政策坚冰”。从责任角度重新审视目前我国档案开放的政策依据，完善档案开放政策的责任机制，不失为政策破冰的一条可行之路。

第三节　完善档案开放政策的责任

档案馆对社会公众负有开放档案的“法定责任”，其行为理应受到社会控制和监督。要保证档案馆切实行使职责，就需要通过政策设计建立一套完整的责任机制,从三个方面补充和完善现有的责任规定:一是补充开放责任主体和程序规定,对档案馆合理赋权,并让其责任实现有据可依;二是通过责任追究制度来惩罚档案馆的失责行为,通过免责条款来激励档案馆的工作,让职权行使与后果承担相统一;三是设立公示、告知和回应制度让社会获取必要的监督信息,畅通监督渠道,提高社会评判和监督档案馆工作的能力。

《政府信息公开条例》在明确职责内容、细化公开范围和程序、追究不公开责任并进行惩罚、畅通监督渠道等方面都有所创新和发展,为档案开放政策中责任规定的完善提供了现实参考。

开放工作中责任机制的完善以责任主体及其职责范围的合理设定为前提。职责赋予是责任承担的基础。如果应该承担开放责任的机构在政策设计中逃脱了责任义务,那么开放工作将出现无人负责的真空地带;如果责任边界模糊,或者职责范围与责任主体的能力不符,那么赋予相关机构的开放责任将等同虚设,实际工作还是进展缓慢。同时,开放责任主体的明确应该不仅仅停留在原则规定之上,还应细化到日常制度之中,并与开放工作程序化规定相辅相成。

一、明确开放责任主体

首先,档案开放政策应将开放责任主体明确为公共部门的档案信息管理机构,增加公共部门内部档案室的开放责任。这就意味着,不仅是公共档案馆,其他政府机关档案室、公共企事业单位的档案机构都被纳入责任主体的范畴,改变档案开放法规只适用于档案馆的现状。这种调整不仅让所有公共档案信息管理部门共同分担档案开放责任,合理地廓清了档案馆、档案室各自的责任,而且减轻了档案馆的解密压力,促进了文档服务的相互衔接,使档案开放与政府信息公开互相促进。《政府信息公开条例》中明确了公开责任主体为各级人民政府及县级以上人民政府部门指定机构,并规定 5 条具体职责范围(条例第三条)。机关档案室作为行政机关的文档管理机构,在参与和执行政府信息公开之时实际上已经承担了向社会提供公共档案信息的责任。档案界应考虑到与条例的配套以及实际工作的需要,在《档案法》和《机关档案工作条例》中首先明确行政机关档案室的开放义务。此外，公共企事业单位尽管不是行政机关，却具有公共部门性质，也应该承担由其产生的公共档案信息的开放责任。《北京市信息化促进条例》草稿修改稿中就将条例规范的主体范围，从行政机关扩展到北京市国家机关和公共企事业单位。"规定本市教育、医疗卫生、供水、供气、供热、公共交通、环保等公共企事业单位，应当将服务承诺、收费标准、办事过程等信息通过网站及其他方式及时向社会公开，并逐步采用信息化手段开展业务办理工作。同时，市有关行业主管部门应当对公共企事业单位的信息公开和服务情况进行指导和监督。"

其次，档案开放政策应区分开放工作中的档案解密和提供公共利用责任，使档案馆在开放中的责任边界更为清晰。从开放度较高的西方国家相关政策规定来看，明确和强化档案馆向公众提供档案信息服务职能，适当剥离其档案解密的责任，是扩大档案开放，保证高开放度的有效政策选择。鉴于我国档案馆主要责任定位不清、解密责任过重的现实，相关政策应该引导档案馆将档案公共服务的责任放在首位，赋予其对档案形成机关的解密工作进行监督、协助和审查的权力，让档案馆逐渐从解密执行主体转化为监督主体，将主要精力集中到提供信息服务上来。对于历史档案的解密和鉴定工作，应在政策中指导建立合作机构，规定档案馆的组织协调责任而非直接鉴定责任。

最后，档案开放政策应明确开放日常工作责任机构及监督机构，使开放责任进一步落实。《政府信息公开条例》规定"各级人民政府及县级以上人民政府部门应当建立健全本行政机关的政府信息公开工作制度，并指定机构负责本行政机关政府信息公开的日常工作"。"政府信息公开工作主管部门和监察机关负责对行政机关政府信息公开的实施情况进行监督检查"。现有档案开放规定只是笼统地将开放主体表述为"各级各类档案馆"，至于馆内开放责任具体应该如何落实、责任机构和人员如何明确均无规定。为防止档案开放机构互相推脱、随意处理和延迟开放，开放规定中应该明确各类机构的开放责任人和审查人，规定承担开放责任的组织机构必须设立常设机构和配备足够人员负责延期开放档案的清理鉴定、到期档案的登记开放、申请开放的答复处理等工作。同时，可以要求设立开放鉴定专家委员会或开放咨询专家机构辅助并审查档案开放工作切实进行，设立的审查机构必须规定由开放责任单位内外专家共同组成。除此之外,还应规定向社会公示开放责任机构联系方式和人员名单,加强利用者对开放工作的监督,畅通利用者申诉或投诉渠道,将“开放不作为”责任明确到人。

二、明确开放工作程序

目前档案馆开放档案的主要压力是到期历史档案的鉴定。档案开放政策规定过于粗放,操作性不强,使得具体开放工作缺乏充足的依据。历史档案开放与档案解密息息相关,不仅需要专业部门的密级判定,还需要历史学者的内容分析,不仅难度高而且工作量大。如果仅靠档案馆在现有开放政策规定下“单打独斗”,满30年的开放规定尚无法实现,更遑论缩短档案开放时间和扩大开放范围了。考虑到我国档案馆的现实工作压力,亟须在国家层面迅速推进档案开放工作的程序化和标准化。尽管档案具体内容的鉴定标准千差万别,较难统一,但鉴定工作环节可以在经验交流、试点运行、改进普及的基础上互相借鉴、互相学习。

如长春市档案局(馆)为了提速馆藏档案开放鉴定工作,适应社会公开档案信息的迫切要求,以需求为导向,由近及远地进行档案开放,即时上网,与政府信息公开工作相衔接。制定了《档案鉴定规则》《馆藏档案划控范围》《馆藏历史档案划控审查工作的方法与分工》,利用统一的业务标准,科学有序地指导该项工作。特别是研究制定了《档案鉴定细化流程》后,将整个鉴定开放工作分为初审、预审、复审、初步处理、集体会审、主任终审、最后处理七大步骤。对馆藏档案的开放、保存、销毁处置形成了“三堂会审”的格局。充分利用网络技术,改变传统的做法,使档案开放鉴定、价值鉴定、数字化鉴定同时进行,并在流水线上完成档案鉴定、数字化、整理、上网利用等一系列工作,极大地提高了工作效率。

又如备受社会赞誉的外交部档案馆为最大可能地准确处理保密与开放的关系,逐渐摸索出一套行之有效的工作方法和程序:进行经常性或阶段性讨论、总结,将好的经验书面化、制度化;遇到难以决断的档案,就提供同类档案解密情况做参考;如果涉及其他单位业务,则从中协调,组织解密人员共同讨论、分析;还建立了外交官、国内历史专家和国外同行的共同合作机制,了解国外同类档案的开放情况，加快档案开放进度。

我国档案政策在对开放工作做出原则性规定的同时，应吸收地方档案开放和专业档案开放的经验，尽快出台档案鉴定规则和流程、档案解密合作程序、档案开放和数字化鉴定一体化规程等方面的试行规定。还可以借鉴国外对某类档案开放设置百分比和量化标准的方式，在摸索中不断进行改革创新。

此外，在开放工作程序规定上还要注意与《政府信息公开条例》的内容衔接和配合。如随时开放的档案的具体范围可与《政府信息公开条例》公开的具体范围相统一，增强政策的协调性和可操作性。

三、增设责任追究和免责条款

无论是通俗意义上的责任，还是政治学和法学意义上的责任，都不仅包括应负的义务，还包括义务未履行之时应承担的后果和惩罚。在档案开放政策设计和法规制定过程中，明确责任主体和职责范围的条款需要与制裁失责行为的条款相对应，才能维护政策法规的权威性，对责任主体的不作为采取强制措施，及时纠正行为偏差。同时，适当增设责任免除的内容条款，从问责施压和免责减压两个思路完善责任规定。

1. 增设责任追究条款

《政府信息公开条例》第二十五条对“不依法履行政府信息公开义务”“不及时更新公开的政府信息内容、政府信息公开指南和政府信息公开目录”等六种行为设置了“责令改正、给予处分和追究刑事责任”的惩罚机制。

“所有违反利用规定的行为，无论是开放受法律保护的信息还是无正当理由拒绝提供利用，都必须受到惩罚。”

针对我国现有开放政策在责任承担方面存在的缺口，应补充和加大对开放不力的惩罚和制裁，改变目前档案馆在开放中的“明哲保身”和“消极懈怠”思想。将“封闭应当开放的档案”与“开放应当保密的档案”都明确为档案馆的失责行为。如在《档案法》第五章法律责任中增加“不按时开放档案”和“不对公众的开放要求做出合理解释”的行为的责任追究。

当然,责任追究以工作考核、社会评议为基础,以内部督查和外部问责为前提。因此,《政府信息公开条例》第二十九条要求"各级人民政府应当建立健全政府信息公开工作考核制度、社会评议制度和责任追究制度,定期对政府信息公开工作进行考核、评议"。公民、法人和组织可以通过举报、复议和诉讼方式来行使社会监督权。完善档案开放规定中的责任追究内容,不仅是增设对失责行为的惩罚条款,还需要增设相应的考核制度和社会评议制度,才能实现"有错必改""失责必究"。

2. 增设开放免责条款

"免责条款指的是协议的一方在一定条件下免除自身的责任,同时也指在一定条件下对对方的责任进行限制。"档案服务者并非个人隐私的守护神。只要档案工作者在开放鉴定时尊重了隐私信息相关人的意见,或者遵照了法定的程序(相关人无法找到或不存在时),那么档案利用者在利用档案信息中侵犯隐私的行为,不应由档案机构和工作者"买单"。作为一个公民,在行使档案利用权利之时,理应遵守法律规定的对他人隐私的尊重。

在2007年提请十届全国人大常委会第二十八次会议进行首次审议的律师法修订草案中,增设了律师职业豁免权的有关规定。中国人民大学法学院张志铭教授表示,律师承担的是一种特殊的实现社会公正的使命,应享有职业豁免的权利。档案馆及其工作人员在档案领域承担着实现社会信息公平的艰巨使命,尤其是在开放档案工作中面临的责任风险较高。针对目前档案开放不是过于大胆而是过于保守的现状,鉴于目前我国法律缺少这种免责的保护性条款,建议在档案开放政策中增设适当的免责条款,赋予档案馆一定的"职业豁免权",如在《各级国家档案馆开放档案办法》中规定,"利用者根据合法手续利用已开放档案,因不当利用和传播所带来的诉讼纠纷,档案馆免除责任"。此外,还可规定信息公开条例中已列为公开的内容或已公开的现行文件,档案部门不再进行开放鉴定,不承担开放风险。为了促进互联网信息服务的快速发展,鼓励网络信息传播利用,国内外提供信息服务的网站大多设立了免责声明,以排除网站服务提供方无法控制和不应承担的责任和损失赔偿,图书馆在开展电子图书服务时也增设了免责条款。档案信息服务网站也应该吸取相关经验,明确自身的免责范围。

3.建立责任监督和责任回应

公共服务责任主体和社会公众虽然在最终利益上是一致的,但在具体利益上却常常存在矛盾。责任人与控制人的利益并不完全一致,甚至时常发生冲突。在档案开放工作中,档案馆是具有自身利益和理性的公权机构,在社会档案利用者面前处于强势地位,如果不对其责任进行监督和保障,仅靠档案馆的自觉和良知来履行职责,是极不现实的。因此,现有开放政策中应补充相关规定以畅通开放监督的信息渠道,要求档案馆对利用需求及时回应和答复。

(1)建立公示告知制度

监督机制建立的重要途径之一就是"办事过程和执行程序的公开,建立告知制度",让监督者能够获取充足的监督信息。最高人民法院原院长肖扬在十届全国人大常委会第三十次会议上,做了关于完善审判工作监督机制情况的报告。报告指出,"最高法院着力完善执行工作监督机制"并"要求各级法院公开案件执行过程,建立执行告知制度"。我国《政府信息公开条例》规定了通过指南、目录和年度报告三种方式向社会公开监督信息。美国联邦政府机构每年要向国会提供一份年度报告,汇报诸如申请提供信息而被拒绝的次数和理由,当事人就此向政府官员提出申诉的次数、结果及理由;拒绝提供信息的官员的姓名、职称、职位及参与案件的数目,等等。

我国国情和体制决定的档案馆的行政性,使得实际的档案开放工作更偏重公权的执行。因此更有必要公开工作过程和办事程序,使权力的实施受到严格监督。建议在开放政策规定中补充开放工作公示告知制度,一方面强制要求档案馆每年公布年度开放数量(包括申请开放数量、同意和拒绝申请数量)、档案开放进程(如已开放档案比例、未开放数量、应开放尚未开放数量)等信息;另一方面将开放程序和标准也公之于众,向社会告知开放鉴定过程、鉴定人员组成和介绍、开放与否所依据的政策法规等。让档案开放也如同信息公开那样,纳入社会公众监督之下,使开放工作更加透明。这不但有利于消除人浮于事的官僚作风,也容易获得公众对"开放与控制"界限的理解和认同。

(2)补充开放回应制度

政府信息公开立法中普遍设立了回应答复条款或说明理由机制来强化对行政机关公开工作的责任监督，控制其自由裁量空间。如我国《政府信息公开条例》第二十四条规定，“行政机关收到政府信息公开申请，能够当场答复的，应当当场予以答复。行政机关不能当场答复的，应当自收到申请之日起 15 个工作日内予以答复；如需延长答复期限的，应当经政府信息公开工作机构负责人同意，并告知申请人，延长答复的期限最长不得超过 15 个工作日”。美国政府拒绝提供信息要负举证责任。必须负责说明理由，例如证明该信息属于豁免公开的事项。“这些解释以《信息自由法案》《隐私权法》《安全保密法》等法律为依据”。《欧洲档案利用政策标准纲要》也规定了“所有拒绝提供利用和给予特殊许可的决定都必须以书面形式通知申请人，使他有机会提出上诉或反驳不开放的理由”。

从新闻报道或业界传闻中，常能听到利用者查阅档案的抱怨，也能听到档案部门开放工作的苦恼。档案馆为档案开放所做的艰辛努力没有得到足够的社会认同，与档案馆对利用申请的回应速度较慢、有效性较差不无关系。一方面，档案开放申请不能及时答复，从受理申请到进行答复的时限缺乏强制规定；另一方面，拒绝开放不能详细说明理由或者理由难以服人，利用者对档案馆的理解认同极为有限。

快速反应和有效答复是对利用者的一种尊重。社会利用者的满意程度不完全依赖于具体利用要求的实现，还受到答复反应速度和理由说服力的影响。因此，档案开放政策规定中应结合公民利用权保护，设立开放档案查阅、未开放档案申请开放的答复回应制度以及开放与否的说明理由制度。在对开放和利用申请进行认真登记的基础上，及时有效地回应公众需求。

本章对于档案开放工作的政策分析和内容建议是站在档案服务提供者——公共档案馆的视角定位之上的。公共档案信息的国家控制机制使得社会利用者能够获取多少档案信息取决于档案服务者已经开放了多少信息，档案信息供给的数量和质量直接决定着档案利用活动的范围和程度。在我国集中统一的档案管理体制中，公共档案馆在档案服务中是“公权机构”，具有绝对的强势地位；档案“自由利用”权利和理想的实现被限定在档案馆已开放的档案范围之内。

第四章 公众利用档案政策分析

世界范围内公民权意识的高涨和政府职能的转变,促使公共政策学对公民权利问题越来越关注。这种价值取向的变化也反映到档案政策领域。正如冯惠玲教授所言,业界对档案利用与公民权利密切关系的认识客观上提出了完善相关政策的要求。如果说以档案馆的开放工作为客体的政策设计应该重视“公共部门”的公共责任,那么以社会公众的利用活动为客体的政策设计则需要关注“公民个体”的利用权利。

第一节 档案公共利用存在的问题

虽然理论上开放意味着自由利用,但现实条件下公众对已开放档案的获取和使用还存在着手续、方式、费用上的种种限制和障碍。自由利用只是一个“应然”的理想状态,完成向“实然”的跨越还任重而道远。对档案公共利用的不合理限制与档案公共服务的价值追求相背离。

一、质疑之声:档案利用障碍多

为了国家和社会公共利益的需要,对涉及国家安全、商业机密和个人隐私的档案信息利用进行合理限制,是世界各国通行的做法,也是无可厚非的。然而,与国外提倡可开放档案的无障碍利用和公共获取不同的是,我国对于已经开放或者应该开放的档案,仍人为地设置一道道“防线”,给公众利用档案增加不必要的限制。这种做法备受社会质疑。

(一)审批手续阻碍利用

某作家为了写一部“四清”时期的纪实作品,到档案馆查阅原始文献。当他从档案馆开放目录中选列出长长的清单后,竟然被接待者划掉近三分之一。理由是“四清”档案中涉及的许多人依然健在,公开出版后容易引起官司纠纷,档案馆同时要承担连带责任。作家说,即便惹出了官司,出版社和作者是主要责任者,我们都不怕吃官司,你们怕什么?

目前我国档案馆在提供利用过程中,屡遭利用者质疑的首要问题就是对已开放档案的利用审批限制。尽管我国档案利用法规早已将“方便利用”作为重要原则,但实际工作中“利用”并不“方便”,自由利用程度较低。《各级国家档案馆开放档案办法》第八条规定:“利用者到各级国家档案馆利用开放的档案,须服从档案馆的安排,遵守有关的各项规定。”于是,某些地方档案馆漠视公民利用档案的权利,自行设置了较多的审批手续和不合理的限制规定,对利用目的、范围和方式进行过多的盘问和审查,甚至拒绝公众正当合理的利用需求。《中华人民共和国档案法》(以下简称《档案法》)中关于公布权的设置则进一步限制了公众利用档案的方式和传播途径。这类规定和做法已构成了目前公民利用档案活动的严重阻碍。

已开放档案的实际可利用范围比理论上的要小得多,国外档案馆十分尊重的公众利用档案的“自由”在我国大大缩水。实际上,这种规定和做法是一种“双输”的选择,损害了利用者和档案馆双方的利益。一方面,利用者合理的利用需要被拒绝,无法获取必要的档案信息开展研究和查证活动,将遭受精神上或物资上的损失。另一方面,利用者正当的利用权利遭侵犯,对档案馆产生不满,影响了档案馆的公共服务形象。在以后的学习、工作、生活需要中,如果利用者为避免再次受挫“知难而退”,减少利用档案的可能,档案馆的服务工作将失去持续发展的社会支持。

(二)收费不菲阻碍利用

2004 年 1 月 18 日,我国外交档案正式对外开放,提供公众利用。在这一举措迎来国内外交口称赞和高度评价之时,也有部分利用者提出了改进建议。

《档案法实施办法》规定了提供社会利用档案,可以收取费用。档案利用收费本身并不成为利用限制。国外档案馆在办理出入证或利用卡时通常也收取一定的工本费,制作档案副本、档案缩微复制和影像转录等服务项目也会根据实际情况收取工本费。但是,过多的档案收费项目设置、过高的档案收费标准将经济能力有限的普通公众挡在了利用的大门之外,使档案利用成为富有人士的“特权”,影响了档案公共服务的公众性、公用性和公益性,构成目前档案利用的又一重障碍。

历史学家的质疑代表了众多历史档案和古籍文献利用者的心声。出于保护的需要,对珍贵历史档案原件的使用收取一定费用是为了保证更多人的利用权利,社会公众也会对此表示理解。令利用者不满的是,这类档案的收费标准缺乏统一明确的定价依据,有的甚至高得离谱,漫天要价的做法与档案馆标榜的“公共文化”身份不符,反有垄断公共资源和贩卖文化之嫌。如果确实属于非常珍贵的孤本,保护费用和成本极高,那么档案馆应该及时制定副本,尽早数字化,降低那些并非需要查阅原件的利用者所需支付的费用。

对于我国具有里程碑意义的外交档案开放,公众提出了“免费”和“找到合理价位”的积极建议,充分反映了社会利用者对档案信息“公共性”的认识和对档案服务公益性的期待。作为一种公共财产和公共信息资源,档案利用的收费,尤其是国家档案馆公共档案信息的收费,理应具有一种“公益”导向和观念,不能完全等同于商业性的信息开发和服务。虽然公共服务并不排斥市场化经营,档案公共服务也并不意味着完全免费,并不排斥市场主体提供服务,但是经营方式的多元化并不是价值取向的模糊化。对于档案馆而言,无论是无偿服务还是有偿服务,“公益性”应该是最终的价值诉求和日标追求。这也就决定了档案利用收费项日和标准必须依据一定的原则,进行合理设定。收费是促进“公益”服务更好发展的手段,以便公众能够获取更多的档案利用自由,而不应该成为档案利用的一种障碍。

二、问题实质:利用档案的权利实现

以上来自档案利用现实的两种质疑之声均表达了公众对减少和消除档案利用障碍的要求,表达了公众对自由利用已开放档案的强烈愿望,体现了公众对充分实现档案利用权利的迫切需求。

深刻反思公众对档案馆利用审查和收费的诘问,不难发现,这种障碍的形成和问题的产生根源于档案馆对公民利用权认识的虚化,以及政策保障的空缺。一方面,档案服务机构的公民利用权认识流于表面,未能深刻认识到已开放(应开放)档案的自由利用,是公民利用档案权利的具体范围,考虑到我国档案开放鉴定工作历史遗留任务较多,部分应该开放、可以开放的档案因鉴定滞后暂未开放,公民对档案的自由利用权如果仅仅局限于已开放档案,则十分有限、极不完整。因此,自由利用档案的范围应该包括已开放档案和应开放档案。应开放档案如果未能按时开放,只要有公民提出申请并予以开放后,对未来的其他利用者就应该解除利用障碍,允许自由利用。

另一方面,现有档案利用规定中对公民利用权保护不力,配套政策缺乏,法定权利难以落实为公民实际享有的权利。

尽管档案界早已意识到提供利用与公民权利之间具有密切的联系,《档案法》的出台也将"公民利用档案的权利"上升为一项法定权利,但是,由于长期以来全社会"公民意识"和"权利意识"的空缺,使得档案服务机构对这种权利的认识停留在政策条文的表面,停留在从"封闭"到"允许利用"的初级阶段。

档案利用中的公民权利并非一个抽象虚化的概念,而是由一个个具体实在的应受保护的利用需求组合而成的。它既包括公民利用档案的需求,也包括公民对涉及自身利益的档案提出限制利用的要求。在公民利用档案的权利中,自由利用已开放档案的社会需求、申请利用应开放档案的社会需求以及受控档案特殊许可利用需求,都是权利的一种实在表现。在我国档案开放工作较为保守,公民利用档案意识不强的现实情况下,受控档案特殊许可利用需求较小,而已开放(应开放)档案的自由利用呼声极高。基于这一现实背景,王改娇博士就将公民利用档案的权利定义为自由获取档案的权利。

档案服务机构对公民利用权的认识应该充分考虑到社会公众的现实需求,不应该只停留在政策条文的概念化认识之上。档案信息从"封闭"到"允许利用"只是赋予了公民利用档案的可能,承认了公民利用权;从"允许利用"到"自由利用",才能让公众根据自身的个性需求,方便地获取和充分地使用档案信息,切实保证档案利用权利的实现。已开放(应开放)档案的自由利用权应该被确立为公民利用档案的首要权利,确立为档案领域的一项基本公民权。

以公众利用档案障碍问题为支点进行现状反思表明,目前我国限制档案利用自由的规定主要集中在设置利用程序(手续)和收取利用费用两个方面,涉及档案利用政策和档案收费政策两个专题。为此,笔者将分别对之进行具体探讨。

第二节 档案利用政策分析

档案利用规定主要包括利用时间、范围、方式、要求和手续等内容。由于我国的档案利用时间和范围与档案开放时间和范围具有较高的重合度,而档案开放时间和范围的相关规定作为指导档案馆开放工作的政策依据,已在第四章探讨。因此,下面的分析探讨主要针对档案利用政策中指导公民利用活动的程序性规定,如利用方式、要求和批准手续。

一、公民利用档案的“自由权”

深刻认识公民的档案利用权,提出对档案利用“自由权”的理论认识,强调自由利用之于公民利用档案权利的重要意义,是从权利角度剖析档案利用规定的思想基础,也是从公民角度制订和修改相关政策的理论依据。

1966年,国际档案理事会在美国华盛顿召开的一次特别大会上,第一次在世界范围内庄严宣布了档案自由利用的原则。在1968年举行的第六届国际档案大会上,特别工作组提交了题为《档案开放与缩微复制政策自由化》的主报告,在报告的4项主要内容中,有两项内容与档案自由利用有关:其一是从理论上阐述了实行档案自由利用的必要性;其二是呼吁取消对档案利用的不合理限制,缩短档案封闭期,封闭期不应超过30年。由此可见,档案的自由利用原则在业界的讨论重点集中于对档案开放时间限制和保密范围的控制上。有学者也指出,“档案自由利用原则的目标是:档案开放的范围应最大化,档案保密的范围应最小化——以公开为原则,不公开为例外”。

然而,从公众利用档案的现状来看,开放时间和范围并不是限制公民自由利用档案的仅有障碍,即使通过了“慎之又慎”的“开放鉴定”,已开放档案信息仍然无法“自由”利用，公民利用档案的权利依然无法充分实现。因此，很有必要提出并认识档案利用领域的“自由权”，理解“自由利用”对公民利用档案权利的重要意义。

第一，公民利用档案的“自由权”是公民利用档案“权利”实现的基础。利用“权利”内在包含了利用的“自由权”。

“权利”与“自由权”具有包含关系，没有不是自由权的权利。“有权利”意味着享有不受别人干涉的行为“自由”。公众利用档案的权利本身就内在包含了公民利用档案的“自由权”，当然这种“自由”的前提是合法性和正当性。如果不肯定和保护公众正当利用的行为“自由”，公民利用档案的权利也就成了一种“纸上的权利”，无法真正落实。此外，对已开放（应开放）的档案信息而言，信息内容已无须控制，信息的排他性和竞争性极弱，任何目的与方式的利用行为只要是合法的，就应该平等地受到保护。赋予公民利用这类档案的“自由权”实质上也保障了档案领域的信息公平。

第二，对公众利用档案的“自由”的干预和限制，应该遵循一定的原则依据，不应随意扩大“公权”对“个人权利”的控制边界。

密尔的“自由观”，既倡导“自由”的积极意义，强调尽可能减少“自由”限制，使人的个体性、自发性及个性得以充分的展现；也提出了“自由”的控制原则和范围边界。一方面，档案自由利用之“自由”是相对意义上的。任何国家，包括号称“最为开放”的美国也不可能存在绝对意义上毫无限制的自由利用。公众行使档案利用的“自由权”，不能给他人和社会造成损害，必须在法律所允许的范围内。因此，“自由利用”主要针对已开放档案或应开放档案而言，并以不破坏和损毁档案为前提。另一方面，在法定的开放档案范围内，公民遵循合法程序就可“自由利用”档案，利用目的或利用方式的独特性不应作为拒绝提供利用的理由。档案馆不应压制任何公民的合法利用需要，也不应事先主观裁定哪种需求目的是正当的，哪种利用方式是合理的。

第三，公民享有“档案利用自由权”以制度保障和法律保护为前提，依赖于具体的政策安排。

权利以某种具体的社会规则和社会条件为前提,天赋权利和自然权利依靠法律制度作为实现中介。政策调控和制度保障是权利实现的重要途径,也是国家和政府对"个人权利"进行保护的重要方式。为此,档案界应该以"保障公民自由利用档案的权利"为导向,逐步完善我国现有的利用政策规定。鉴于现有政策对于公众利用档案的"自由"的干预不是过少而是过多,"减少障碍""降低控制"应为政策完善的主旨。

二、现有档案利用规定中的"权利"缺憾及弥补

我国现有档案利用规定与档案开放规定是合二为一的。如《档案法》及其实施办法将开放、利用与公布的内容合为一章,既规定了开放的期限和范围,也规定了档案利用三类主体、三种形式(阅览、复制和摘录)、不同主体的利用手续和程序、未开放档案的利用条件、公布形式和权限、收费原则等内容。《各级国家档案馆开放档案办法》中既规定了档案馆开放的时间、范围和程序,也规定了公众利用档案的手续和付费原则。从政策目录上看,利用规定与开放依据重合度较高。为避免重复,笔者不再详细列出现有档案利用政策目录,仅就具体条款规定进行分析。

下面,笔者将基于前文对公民利用档案"自由权"的实例分析和理论认识,审视和考察现有档案利用规定中存在的"权利"缺憾,并提出相应的政策修改建议。

(一)利用审批手续缺乏限制,利用目的审查过严

对公民档案利用要求进行一定的审查和批准,是目前我国各级各类档案馆较为通行的做法。由于档案利用法规中仅规定了"利用者服从档案馆的安排",却没有对"档案馆的自行安排"做任何"原则性"或"具体化"的限制,使得档案馆在利用手续的审批上具有相当宽泛的权力。前文所列举的某作家和沈教授的遭遇就是利用规定中这一缺憾的真实反映。"有关规定"演变为档案馆根据管理工作的需要自行设置的各种审查标准和手续,合理的利用审查规定演变为五花八门、甚至匪夷所思的不合理利用限制。

此外,利用目的审查是我国最为常见的"前控式"利用审批手续。《档案馆通则》第二十一条第一款规定:"利用者查阅、摘录或复制档案,必须持本单位的正式

介绍信,注明利用者的身份和利用档案的目的与范围。大量利用档案进行专题研究,必须事先将上级批准的研究计划抄送有关档案馆。”从文本上理解,注明利用档案目的是“必须”的,且针对所有档案信息。也就是说,即便是已经开放的档案,公众在利用时仍然需要注明利用目的并接受审查,无明确目的地利用档案不被允许,利用目的审查过于严格。

然而,经查阅国家档案局颁布的档案利用政策文件发现,除《档案馆通则》之外,无论是《档案法》及其实施办法,还是《各级国家档案馆开放档案办法》等专门法规,均未规定“注明利用目的”是利用档案的强制程序,利用目的审查也非必经手续。这一道审查手续其实是 1983 年颁布的早已需要修改的《档案馆通则》规定的内容,虽未被后续利用法规所强化,却被绝大多数档案馆忠实地执行至今,足见档案服务机构对公民利用档案“自由权”的忽视。

不限制“任何目的和理由”的档案利用是西方发达国家的重要档案利用原则之一,体现了对公民利用档案“自由”的尊重。日本《国家档案法》(2000 年 10 月 1 日通过)和《关于国家档案馆利用限制的规定》(2001 年 4 月 1 日实施)明确:“日本国家档案馆历史档案的基本利用原则是‘为公民提供利用’,这也就意味着应该没有歧视地为任何目的、任何年龄和国籍的人员提供利用。”在英国公共档案馆,“当你看到人们到档案馆可以没有任何目的,完全凭自己的兴趣,任意游览、参观、阅览、购书和上网,不得不佩服英国档案同行胜你一筹”。西方档案学者加里 · 彼特森曾指出,《信息自由法》应该明确“信息对所有人开放,并且与查询信息的理由无关”。

实际上,放松利用目的审查也符合档案利用者类型变化的新趋势。联合国教科文组织的一份研究报告曾经指出了西方 20 世纪 90 年代开始出现的利用者类型的变化。“在大多数情况下,那些背景和利用目的不能轻易确定的利用者数量在持续上升。他们就是保罗 · 康威所说的属于业余爱好者的利用者。他们中的许多人利用档案的目的是因为这里面可能有可用的内容。另一些人的利用目的只是因为对档案可以提供什么样的服务怀有好奇心。如果采取传统的利用方法,就会为这些用户设置更大的利用障碍。”为了顺应这种变化,需要修改利用规则和服务政策。

我国近年来档案“休闲利用”概念的崭露头角也印证了“无明确目的”利用者的出现。如果不及时修改现有利用规定，那些“利用目的不能轻易确定”的“业余爱好者”将无法真正成为利用主体。为此，笔者建议：

第一，在《档案法》第十九条和《档案法实施办法》第二十二条增加“自由”一词，肯定已开放（应开放）档案利用的“自由权”，即“中华人民共和国公民和组织，持有介绍信或者工作证、身份证等合法证明，可以自由利用已开放的档案”。在《档案法》中肯定利用“自由权”，对各档案馆的利用制度做原则性规定，强化档案馆尊重公众“自由利用”的意识。

第二，删除已开放（应开放）档案的利用目的审查手续，鼓励“无明确目的”和“休闲目的”的档案利用活动。明确规定，是否填写利用目的不是提供利用的必经程序，但可以作为对利用者调查和需求分析的手段，作为开展个性服务的数据收集手段。笔者并不反对利用目的“调查”。实际上，国外档案馆常常分发用户调查表了解公众利用档案的需求和目的，以便进行针对性服务。但是，利用目的的填写是作为一种“调查”手段而非“审查”手段来进行的，利用者是否提供也是出于自愿而非强迫，填写与否更不会成为是否允许利用的前提。

（二）利用方式限定为阅览、复制和摘录，公布权设置限制“利用”

《档案法实施办法》第二十二条规定：“《档案法》所称档案的利用，是指对档案的阅览、复制和摘录。”“档案的利用是指利用档案的主体为解决或研究某一问题，以达到某种目的，通过阅览、复制和摘录等形式，依法利用各级各类档案馆或档案室所保存的档案的行为。”“利用档案的形式具体可以分为：阅览，就是利用者到档案馆内专设的接待室查阅其所需要的档案原件或缩微品、复制件；复制，就是根据利用者所利用的档案内容，由档案馆通过摄影、复印、拓印、打印等方法为其复制档案原件，供利用者利用；摘录，就是利用者在档案馆利用档案过程中，将其中所需要的部分誊抄下来以供自己查证、研究之需。”

根据上述规定，“利用”的法定概念较窄，公众利用档案的法定方式只有 3 种，可“自由”选择的利用形式极为有限。一方面，这 3 种方式仅仅是最为常见、使用频率较高的利用形式，并未全面反映公众利用档案的所有行为方式，未能完整地保护公众在利用档案方式上的“选择权”和“自由权”。一些传统的档案服务方式,如制作证明、邮寄资料和传真文件仅作为档案馆的内部工作方式,而未能成为受法律保护的公众利用“可选方式”。另一方面,肯定列举式的利用概念界定,无法顾及未来档案利用方式的发展变化。目前国外档案界已经较为普及的新型档案利用方式,如网络下载、数字拷贝、电子邮件推送,都不属于我国法定范畴的“利用”,无法得到法律的权威支持。数字形式的利用方式从一种可有可无的创新方式,逐渐上升为必须提供的法定方式。

此外,除了“利用”概念过窄导致公民可“自由选择”的利用方式有限之外,我国现有档案利用规定中还设置了“公布权”规定,进一步限制了档案利用和传播的“自由度”。

《档案法》及其实施办法规定了“谁所有谁公布”的原则,并特别强调了国家所有档案的公布权由档案馆和形成机关共同享有,其他单位和个人无权公布。《各级国家档案馆开放档案办法》第十一条规定:“各级国家档案馆保存的档案,其公布权属于档案馆以及国家授权的有关单位。利用者摘抄、复制的档案,如不违反国家有关规定,可以在研究著述中引用,但不得擅自以任何形式公布。”这种开放与公布、公布与利用、获取与传播(开发)相互分离的政策规定在现实社会中出现了执行上的困难,在理论探讨中凸显了逻辑上的矛盾。龙潜子女诉陆键东的“《陈寅恪的最后二十年》案”最后判决理由落在“已开放档案不能擅自公布”上实在无法以理服人,档案界对公布权的设置也一直存在争议。

《档案法实施办法》中细化的 7 条公布形式实质都是信息传播和开发方式。“已开放档案的公布”确实存在逻辑悖论,实际应表述为“已开放档案的传播和开发”。国外政府信息公开制度中提出了“申请人获得政府信息后可以以市场化的方式对信息进行再加工或其他形式的商业开发”的“自由使用原则”,对公开信息的传播和开发赋予了一定的“自由权”。我国《政府信息公开条例》尚未赋予这种“自由权”,也未禁止对公开信息的传播和开发。

现有规定中的“公布权”设置将公众对档案信息的“获取”和“传播(开发)”分离开来,将“利用权”仅仅局限于“获取权”,剥离了与之休戚相关的“传播(开发)

权”，损害了公民利用档案权利的完整性，限制了已开放档案利用的“自由度”。同时，“公布权”的设置还影响了档案网络服务的进度。因为，“通过公众计算机信息网络传播”是公布的一种方式，公布与开放的分离使得已开放档案信息上网需要重新进行鉴定，经历更为严格的“二次”审查。所以，目前我国档案信息化建设中普遍出现了国外罕见的“数字化突飞猛进，网络利用小步慢走”的现象。

为此，笔者建议：

第一，删除《档案法实施办法》中对“利用”的狭隘定义，保留利用方式的“开放性”，不对利用方式的种类作列举式规定，以适应千变万化的公众个性化利用需求，适应未来利用服务方式的不断创新。

第二，肯定网络下载、电子拷贝等数字形式档案利用的合法性，使目前我国档案界的信息化建设成果能够尽快地在公共利用领域体现，改变目前重“数字化转换”轻“整合式利用”的现状。在信息爆炸时代，海量存储的数字档案信息的“利用”必须依靠技术平台和手段，沿用传统纸质环境下的利用方式根本无法顺利完成利用过程。为此，数字形式的档案利用方式应提到“法定方式”的高度，而不仅仅是“锦上添花”的创新服务。

第三，删除或弱化公布权规定，增加对已开放（应开放）档案“传播和开发”的鼓励和保护。对于已开放（应开放）档案可以考虑取消公布权限制，赋予公众对已开放档案的完整“利用权”（包括传播和开发权）；或者修改“公布权”概念为“传播方式”和“开发方式”，有选择有条件地保留部分现有规定，将其弱化为对“例外信息”传播和开发的控制条款，如可以明确哪些档案信息不允许档案馆或形成单位之外的主体通过报纸、电视等大众传媒和网络方式传播，哪些档案信息因涉及“公平竞争”而不允许商业性开发，等等。

（三）未开放档案的申请开放（利用）程序不明，权利救济缺乏政策依据

《档案法》第十九条和第二十条规定：“中华人民共和国公民和组织持有合法证明，可以利用已经开放的档案。”“机关、团体、企事业单位和其他组织以及公民根据经济建设、国防建设、教学科研和其他各项工作的需要，可以按照有关规定，利用档案馆未开放的档案以及有关机关、团体、企业事业单位和其他组织保存的档

案。利用未开放档案的办法,由国家档案行政管理部门和有关主管部门规定。”然而,从实际工作来看,已开放档案的利用尚且阻碍重重,未开放档案的利用更是缺乏具体的政策依据,缺乏明确的程序规定。

档案未开放,有两种情况,应该在申请程序和对应的利用程序上加以区别对待。一是应开放而未开放,即档案信息内容本身无需保密,也不需要控制使用范围,只是由于开放鉴定工作的滞后或其他历史原因而暂未开放。二是不能开放而未开放,即档案信息属于控制使用范围,只能限于部分人在特殊条件下使用。对于前者,未开放只是工作进度问题,与信息内容无关。一旦通过个人申请予以公开后,就应该视同已开放档案来提供自由利用,以后的利用者无需再重复提交申请。对于后者,未开放是为了国家、社会和其他公众的利益。个人提交申请后,即使获得了利用权,也不得扩及其他公民,以后的利用者还需再次提交申请。

《欧洲档案利用政策标准纲要》中也指出:“对于未开放的文件,法律须允许主管当局发放特殊的利用许可(如,文件产生机关根据档案馆的建议,档案行政部门根据文件产生机关的建议,或由一个部门负责对全国发放许可)。”授予特殊许可时我们可以遵循两种不同的程序,一是经特殊许可查看的文件即是解密文件,可对外提供利用。二是指文件只针对某具体研究人员开放,但仍属于保密范畴,其他研究人员如需查阅则须另外获得特殊许可。这里的“特殊许可”实质上就是“依申请开放”。

我国现有的档案利用政策只是笼统地规定了“可以利用档案馆未开放的档案”,并没有制定申请开放(利用)程序,更没有区分两种性质不同的未开放档案的利用,使得“未开放”等同于“不开放”。业界已有学者呼吁,“有必要从国家档案法规的层面明确规定档案依申请开放的受理范围、运作程序以及申请人的权利与义务”。

未开放档案的申请开放可以看作是对公民利用档案权利的一种补充和保障。特别是在我国档案开放工作任务重、压力大的情况下,增设和明确这一开放利用方式和程序,能够在有限的人力和资源条件下,保证社会需要的档案信息能够及时开放、优先开放。同时,权利救济也是公民利用档案的另一种政策保障手段。没有救济的权利不能称其为权利。现有档案利用规定中权利救济条款的空缺与档案开放政策中责任监督条款的空缺是一个问题的两种表现。公众对侵犯权利的行为,缺乏申诉渠道;档案馆违反规定的行为,没有处罚措施,才会出现前文沈志华教授令人费解的利用遭遇。"在美国,对于行政机关拒绝申请人利用档案申请的,申请人可以提出行政复议,如果对行政复议结果不服,还可以向法院提起诉讼。美国法律对档案利用还建立有司法救济规则,在诉讼中,行政机关对有关档案公开决定的正确性负举证责任;法院审理档案公开诉讼案件,有权重新审查事实;如果原告胜诉,国家行政机关将承担原告的律师费和合理支出的其他诉讼费用;对于行政机关的违法责任人,法院还可以提出行政制裁的司法建议。"

因此,笔者建议:

第一,增设未开放档案的申请开放程序和方式规定,详细明确申请程序、答复申请的具体时限(最好明确到工作日)和答复内容及方式(单独发送邮件答复或网上统一公布等多种方式),落实和保障公众对未开放档案的利用权。同时,对于应开放(而未开放)档案应该规定,自开放之日起对所有公众开放,利用规定参见已开放档案的利用。

第二,与档案服务机构的责任监督条款相对应,增设公民利用档案权利的救济规定。如赋予公众对不合理利用限制和拒绝利用行为进行举报、申请复议和行政诉讼的权利。又如在申请开放规定中设立接受申请的"首问责任制"。另外,在第四章所建议的责任回应制度中明确对不及时回应的惩戒实际上也是一种权利救济的保障措施,这里无需赘述。

三、编制公民利用档案信息指南

西方政治哲学认为,个人权利可以分为积极权利和消极权利两个大类。所谓消极的权利就是个人由于政府的无所作为而获得的权利。所谓积极的权利就是个人要求国家采取积极行为的权利。需要指出的是,这种"消极性"与"积极性"是针对"公权"的干涉程度而言的,政府的"无所作为"是指该权利不受"公权"侵犯,但还是有"保护它们不受他人侵犯的义务",有责任通过政策法规进行保护,而不是完全"无事可干"。公民利用档案的"自由权"是一种较为特殊的权利,在性质上既具有要求"公权"不做过多干预的"消极性",也具有要求国家采取积极措施予以保护的"积极性"。从政策调控思路来看,"自由权"的保障既需要删除利用规定中对档案利用活动的过多限制,还公民应有的"自由"空间,还需要增加利用政策的"通俗版"和"公民版",引导公民去享受"自由"。

西方发达国家对公民信息权的认识较早,政策设计也较为成熟,不仅重视宏观政策的制定,还十分强调政策的普及程度和可操作性。从国家层面统一编制《公民利用信息指南》或《国家档案利用指南》,被认为是有效引导公民享受"信息自由"的一种政策选择,也是法律规定的政府责任。《澳大利亚档案法》第六十六条就明确规定:"国家档案局应发行澳大利亚国家档案资料指南。任何人可检视指南及支付依法规定的费用后有权取得一份指南。"美国政府颁布《信息自由法》之后,从20世纪60年代到90年代先后六次发布《美国公民运用〈信息自由法〉指南》作为该法的实施细则。

(一)他山之石——美国《公民利用信息指南》

1986年美国重新修订了《信息自由法》,将"有权知道"标准取代了"需要知道"标准,这一深层次的改动使得美国公民进一步了解到该如何充分利用自己的权利获得信息。《信息自由法》刚公布,就印刷出版了相应的详尽的公民指南。该法通俗易懂,与《私有财产法》配套而成,公民极易理解,操作极为方便。美国《公民利用信息指南》经过多年的完善,已由数个政策文本发展成为一个庞大而详尽的指南体系。

由于美国政府并没有一个中心机构负责所有联邦行政机关的信息利用申请,而是由行政机构各自处理。因此,各行政机构都分别制定了自己的《信息利用参考指南》。如美国律政司在官方网站上发布了《信息自由法参考指南》,分为导言、无须通过信息自由法案(FOIA,Freedom of Information Act)申请可获取的文件、在哪提交FOIA申请、如何提交申请、答复时限、加急处理、费用、费用减免、初步申请判定、行政申诉、司法审查等11个部分。该指南在导言中就强调"FOIA赋予的任何人对联邦机构文件和信息的利用权是根据总统行政法令规定的'公民中心'和'结果导向'原则,由法院强制执行,得到行政机构支持的"。指南编制目的是"为了让公民熟悉向律政司提交 FOIA 申请的特定程序,这个过程既不复杂也不费时。遵循指南的指导,你将更有可能在最短时间内收到你所寻找的信息"。

除针对性较强的各机构《信息利用参考指南》之外,美国还制定了一些通用性的"公民指南"。如一般事务管理局和律政司联合出版的小册子《你对联邦文件的权利——〈信息自由法〉和〈隐私权法〉的问题和解答》。值得一提的是,《你对联邦文件的权利——〈信息自由法〉和〈隐私权法〉的问题和解答》。该指南采用问答形式,对公民申请利用联邦文件信息所需要了解的法规内容(主要指《信息自由法》和《隐私权法》)、法规条款的具体使用方法(包括两法各是什么、如何使用、两法的区别联系以及如何选择使用)均做了详细而通俗的说明,并列出了公民行使权利时可能需要参考的其他信息目录,附有重要政策全文链接。具备一般文化层次的公民都能读懂其内容,并依据其内容完成政府信息申请利用过程。在该指南的"信息自由法"部分,将公民对其的了解和使用设计为 12 个问题,通过对问题的一一解答引导公民正确而有效地行使自己的权利。列出的问题如下:FOIA 可保障获取哪些信息?能否在网上找到机构文件?跟政府机构何人联系以及如何得到正确地址?如何提交申请?能否要求文件以特定格式提供?需要支付多少费用?需要等待多久的答复时间?能否得到加快服务?申请被拒绝如何办?等。

(二)一家之言——我国指南编制建议

我国的《政府信息公开条例》刚刚出台且尚未实施,档案利用政策与政府信息公开制度的衔接也仅仅停留在学术探讨层面。因此,目前档案学界还未意识到编制《公民利用档案信息指南》的重要性,更未提出具体的建议和思路。笔者通过对他山之石的分析借鉴,就我国《公民利用档案信息指南》的编制原则、形式和必要内容,提出一些抛砖引玉的一家之言。

第一,编制原则应该确立为"公民视角"和"权利引导"。即在内容和形式上充分考虑普通公民的阅读理解能力,将公民行使档案利用权利最需要了解的信息向社会告知,体现"公民中心"的设计思路。在功能设计上以引导公民权利实现为目标,告知的信息具体而明确,利用申请表格附样表,参考资料提供全文获取途径。

第二,编制形式可以采取问答形式,也可以采取流程图和操作手册等简明易懂的形式。文字表述尽量通俗,法规内容的解析不应拘泥于政策文本,也不要过于学术化,可通过案例和实例来增进公众对如何正确利用档案的理解。

第三,编制内容至少应该揭示以下 6 种信息:一是档案服务机构的类别、性质、地址和服务对象。二是公民利用档案所需要依据的政策内容和法规条款。鉴于目前我国并没有专门针对利用者的法规文件,应该从相关法规中析出与公民行使权利密切相关的条款。三是相关规定如何运用,以及政策适用范围。可以通过一些实例来澄清模糊认识,加深理解。四是利用具体程序、步骤和要求。五是利用是否需要支付费用,如何申请费用减免。六是利用需求被拒绝和被限制,如何进行权利救济。向哪里提起举报和申诉,具体的联系人和联系方法、地址,等等。

需要强调的是,指南是利用政策的简单化、清晰化和流程化,因此它是具有一定针对性和适用范围的。正如美国的《公民利用信息指南》是由不同机构主体制订的一个指南体系,我国的指南也不仅仅是一两个政策文本。从国家层面可以出台一定的标准和规范来统一指南的编制方法。实际上,我国行业标准《档案馆指南编制规范》(DA/T3-92)中,对接待利用者的日期和时间、开放范围及查借手续、提供利用方式等都做了统一规定。遗憾的是,《档案馆指南编制规范》是从档案馆工作的角度出发制订的标准,并没有对公民如何利用档案起到具体的引导作用。

编制《公民利用档案信息指南》,不仅有利于积极引导公民行使权利,强化社会对档案利用政策的知悉了解,而且它还能丰富政策制定视角,改变档案利用政策"高高在上"缺乏"平民关怀"的现状,有利于弥补我国现有政策体系中"利用者缺位"的不足。

第三节　档案利用收费政策分析

档案馆向公众提供档案利用,是否应该收取费用?档案服务提供方如何把握无偿服务与有偿服务的界限和比重?档案公共服务收费应该坚持什么原则、依据什么标准保证其合理性,才能既不阻碍公共利用、不引发社会的质疑,又能促进档案信息资源多元开发、促进增值服务？自从社会主义经济体制由计划经济向市场经济转型以来，这两个问题困扰了档案实践部门多年，也一度引发了学术界的争论高潮。进入21世纪之后，我国公共服务和信息资源开发新政的出台给档案工作提出了一系列新任务和新要求，引发了业界对"公益服务""民生服务"和"增值服务"等新问题的思考。新问题与老问题相互交织，社会民生与事业发展共同呼唤，《利用档案收费规定》(1992年制定)明确列为"十一五"期间需要修订的8项档案法规之一。

下面，笔者将从理论认识、政策分析和政策建议三个方面对自由利用的另一重要政策保障——公益主导的档案利用收费政策进行专题探讨。

一、自由利用与公益服务

公民利用档案权利的具体实现需要保障档案利用的"自由"，"自由利用"就是合法范围内的无障碍利用。从经济学角度看，利用障碍并不绝对地终止利用过程，而是增加了利用的成本。过多的审查手续增加了利用者的时间成本，影响了自由利用；而不合理的档案收费则会增加利用者的经济成本，也妨碍利用的自由。因此，有学者认为，"自由利用还有另一种角度的解读"。英文档案利用是否免费，取决于档案服务的性质，由档案服务机构的性质决定。对于我国档案服务的中坚力量——3982个各级各类档案馆而言，它们提供的信息服务具有较强的"公共性"：所保管的档案信息具有"公共物品"属性，所服务的对象具有公众性。而且，根据《档案馆工作通则》第二条的规定，"档案馆是党和国家的科学文化事业机构，是永久保管档案的基地，是科学研究和各方面工作利用档案史料的中心"。档案馆的科学文化事业单位性质决定了"公益性是档案馆的基本属性之一"。"从组织目标上看，事业单位是从事有关社会公众的福祉和公共利益活动的、非营利性社会组织，属于非物质产品生产部门，它所追求的效益主要是社会效益，而不是经济效益。"档案馆的"公益性"决定了其所提供的档案信息服务以"公益服务"为主导，以免费(包括仅收工本费)利用为主要方式。

当然，信息产品的独特性和复杂性、信息需求的层次性和利用者的差异性，使得档案领域的“公益服务”内涵还不仅于此,将“公益服务”仅仅理解成“免费利用”是将复杂问题简单化了,不利于档案领域公共服务的持续推进。

要全面认识“公益服务”,首先要认识何谓“公益”。“‘公益’一词在我国有特定的含义,它一般指的是关系国计民生的公益性事业,如医药卫生、劳动保护、计划生育、灾害防治、环境科学等,但从词义学的角度考查,‘公益’一词在19世纪首先是日本人用来翻译西语中public welfare(公共福利)一词的,后来它又为汉语所沿用。《高级汉语词典》的解释是:公益是有关社会公众的福祉和利益(多指卫生、救济等群众福利事业的)。所以,“公益,泛指公共利益,它比公益性事业的范畴要宽。”笔者查阅相关文献也发现,“公益”常常是作为“公共利益”的简称而存在的,是基于利益主体的不同对“利益”性质进行分类而产生的概念。虽然哲学领域对“国家利益”“公共利益”“社会利益”的区别和联系一直众说纷纭,但是“公共利益”与“私人利益”的划分倒是相对明确。“公共利益”可以理解为一种团体本位而非个人本位的共同利益,一种在利益分配上具有共享性而非独占性、公平性而非等级性的利益。其利益主体具有普遍性、整体性和多数性,涵盖了社会所有公众或者“不确定多数人”,而绝不限于社会成员中的少量个体。

档案领域的“公益服务”就是档案服务机构为了实现社会“共同利益”而开展的信息服务,需要关注社会公众普遍的利用需求和“不确定多数人”的利益诉求。具体到档案利用费用这一问题上,“公益服务”意味着一方面要对公众的基本信息服务实行免费(包括仅收工本费),充分考虑社会大众的普遍要求和支付能力;另一方面也要兼顾到一定数量的特殊利用者需要,对特殊信息和高级别服务收取合理的费用,以推动资源开发和公共服务的持续发展。概而言之,“公益服务”应该把握三个原则:第一,服务的最终目标是公众福祉和公共利益,是档案公共利用需求的满足。第二,服务活动是非营利的,社会效益是主要追求。第三,不以营利为目的,但并不排除从事经营性活动,并不排斥市场化开发。只是所获得的盈利不得在个人之间分配,只能用于档案领域公共服务事业的发展。

二、现有档案利用收费政策的剖析

据笔者整理统计,目前从国家高度统一规范我国档案利用收费的政策规定共

8件。其中,以国家法律和部门规章的形式对档案利用收费做出基本规定的有2件,分别是《档案法实施办法》和《各级国家档案馆开放档案办法》。针对利用档案收费原则、范围、项目和标准所颁布的专门规定共5件。另外,1988年制定的《开发利用科学技术档案信息资源暂行办法》第四章对科技档案信息的使用收费和费用管理进行了补充规定,其中大部分条款内容被收入1992年出台的《利用科学技术档案信息资源收费的规定》之中。

三、档案利用合理收费的政策建议

"档案馆在开发用户收费政策和框架方面享有某种自由。然而,这种自由面对的挑战是在机构资源要求、联合责任和公共利用责任之间维持一种平衡。在这种环境下,应尊重生成者、赞助者和用户的需求和期望,以最好的达到档案馆的最终目标,即保护具有长期价值的文件,并对这些文件提供利用。"

档案利用收费规定是档案利用政策中的重要组成部分,直接关系到公众利用档案需要支出多大的成本,在一定经济条件下享受多大的"自由"。无论是否收费、如何收费,其最终目标是为了满足公共利用需求,追求档案领域的公共福祉和公共利益。基于前文对"公益服务"的全面认识,以及对我国现有收费规定的政策分析,我国档案利用收费政策应该确立和坚持"公益主导"的基本原则,鼓励不断地降低面向普通民众的基本信息服务的费用(免费利用是最佳理想状态)。同时,对于特殊信息、特殊用户以及特殊服务,允许有利于资源开发和服务持续的"市场化"收费,前提是必须制定"分类分级"的合理收费政策。

(一)公益主导的基本原则

我国现有档案利用收费规定中确立的"有偿服务和无偿服务相结合原则"未能突出档案馆的"公共性",对"公共服务"的观念引导和实际推进效力有限。在建设和谐社会、发展社会公益的当下,在档案信息和服务的"公共性"日益突出的当下,"公益主导"应作为档案利用收费政策修改和制订的基本原则。

第一,"公益主导"意味着档案馆服务职能范围内的基本信息服务应该免费或者尽量低收费。

2000 年 7 月 13 日的《欧洲档案利用政策建议》第六条规定:“档案利用是公共档案馆服务功能的一部分,因此,是免费的。”在我国,档案馆是享受国家财政拨款的事业单位。档案馆开展基本的目录查阅、档案检索、调卷调档、馆内查阅、利用咨询等服务,都是职能范围之内的,其成本已由纳税人统一支付,利用者不应再重复付费。当然,由于信息服务具有层次性和区别性,调阅大量档案和调阅数件档案所付出的人力成本是不同的,利用珍贵档案和普通档案所付出的保护费用是不同的,咨询利用程序等简单问题与咨询专题领域的档案线索所耗费的服务时间也是不同的。在档案馆经费不足和资源紧缺的条件下,根据利用档案的数量、珍贵程度和服务人员的工作量,收取一定的费用,作为一种支持服务的权宜之计,可以理解。但从长远来看,“不能把利用者作为填补档案馆正常资源分配过程中亏空的手段”,应随着国家经济发展水平的提高和档案事业经费的增长,不断向更低收费直至免费的方向调整。虽然我国的经济实力与西方发达国家存在差距,实现“免费利用”还需假以时日,但政策上应体现这一目标追求,体现对“基本信息服务免费”的鼓励支持。

第二,“公益主导”要求“工本费”的收取必须进行成本核算,不能超出实际的工本支出和物质消耗。应该明确规定不能任意增加“手续费”“登记查询费”等“服务费”。

“工本”是指制造物品所用的成本。在国家档案利用收费规定中,“工本费”主要指复制成本,档案证明制作费以及咨询服务中邮寄、传真的费用,收取“工本费”也是“无偿服务”。因此,从内涵上看,“工本费”是排除了“人力成本”的物质成本。为防止地方借“工本费”而提高收费额度,仅规定“按当地实际情况收费”是不够的,应该要求“工本费”的制定根据成本核算进行。此外,部分地方档案馆收取的“手续费”“登记查询费”实际上已经超出了国家规定的“工本费”范畴,是一种与人力成本对应的“服务费”。档案馆的基本信息服务已由国家财政支付,档案人员的“劳动消耗”已在工资收入中补偿,“服务费”不应纳入收费项目。因此,现有档案利用政策应该增设条款,对“咨询服务费”作具体解释和限定,区别“代办咨询”过程中的“工本费”和“服务费”,限制“服务性”收费项目。

第三,增加“弱势群体减免费用”的条款,并告知申请减免程序和审批要求。

实际上,一些地方档案馆,已经在服务实践中减免了对弱势群体服务的收费,有的还在利用收费规定中进行了明确。如上海市黄浦区档案馆“在不增收费用的基础上,对老年人、重病症患者和残疾人等特殊弱势群体,只要符合阅档条件和手续,便可实行档案快递上门服务”。北京市《东城区档案馆利用档案收费办法》规定,“残疾人可凭残疾证免费利用开放档案,婚姻、招工、知青档案”。

(二)收费政策的制定依据

“公益服务”并不排斥有偿服务,也不排斥特殊利用群体的特殊服务需求。而这些特殊的利用需求尽管具有一定的规模,但并不属于档案馆的基本信息服务范畴,也不一定都能得到国家财政的及时资助和补贴。在档案馆较为紧张的经费条件下,满足特殊群体的利益和满足公共利用需求存在一定的冲突,需要借助一定的“开源”措施才能保证基本服务之外的服务要求。最直接的“开源”方式便是“利用者付费”,向特殊利用群体提供“增值服务”,收取合理的费用来支持服务的开展。联合国教科文组织(UNESCO,nited Nations Educational, Scientific and Cultural Organization)的档案利用研究报告也指出:“公共利益与特殊利益、要求、对于用户的价值、收费对用户的影响、机构规定的重要性、用户简介和管理的可行性之间权衡比较的结果应作为是否收费的依据。”

档案利用收费政策的制定是一个十分复杂而极为具体的工作,由地方各级档案部门根据实际需求和条件拟定标准,由财政和价格部门审批,在程序上是合理的。但是,国家政策应该在制定依据上给出指导性意见。

在参考了信息定价和收费、分类提供公共服务的研究成果之后,结合我国档案服务及其政策现状,档案利用收费政策的制定应该依据“分类分级”的思路,至少需要考虑三个因素。

第一,政策制定应该依据档案信息的性质分类。

档案馆保存的档案信息具有公共物品属性,具有“公有、公用”的特点,在服务上也以“公益”为主导,但这是对于一般意义上的档案信息而言的。对于某些内容特殊、形式特殊的档案信息来说,“公共性”程度不尽相同,信息消费的竞争性强弱不一,经济价值和市场价值千差万别,收费标准也不能一概而论。

北京理工大学管理与经济学院刘强博士曾经提出运用公共物品理论对信息进行分类,将政府信息分为纯公共信息、弱竞争信息和强竞争信息,在分类基础上制定“有偿共享”策略,通过免费、收取成本和商业化运作三种方式提供信息服务。笔者亦认为,档案合理收费的前提是要对信息进行科学有效的分类,根据信息的“公共性”和“竞争性”分别制定收费标准。对于那些“公共性”程度较高的政府信息,应该采取免费或成本收费;对于那些“竞争性”较强的档案信息,可以根据经济价值、服务成本和用户需求来定价。

值得注意的是,信息的性质并非档案收费政策制定的唯一标准,“收费价格应合理,档案馆应尽量避免单纯根据有关文献的信息价值和商业价值确定收费标准”。档案馆的收费服务不是以营利为目的的商业行为,还需要综合考虑服务级别和利用者类型。

第二,政策制定应该依据档案服务的质量分级。

“有人希望档案馆可以提供与图片快照相类似的服务,比如几小时之内就能提供某一影像和说明文字。这种服务费用高而且消耗人力,如果提供,就应由用户承担费用。”档案利用者对信息服务质量的要求是不同的,由国家财政支出、倾向于免费和低收费的基本服务未必能满足所有人的利用需要。但是,服务质量的提高必然带来服务成本的增加,其中既包括投入的物质成本,还包括了服务人员的工作时间和劳动消耗。同时,特殊服务、增值服务的开展必定占用了基本服务的资源和人力,需要进行适当的费用补偿,才能不顾此失彼。

因此,档案合理收费还要对服务进行质量要求的分级,根据服务成本的不同分别制定收费标准。明确基本服务不收费(如网络公布、公共信息查询下载、来馆查阅和较少量复制等),特殊的“增值服务”可以根据实际投入成本和补偿需要来定价。例如,欧洲档案馆的档案收费服务做得较为成功的是对图像文件的分级利用。“检索公共档案馆保存的图像是免费的。欧洲虚拟档案馆同意在欧洲虚拟档案馆网站上放置低分辨率的图像。除了声明图像没有版权之外,对于用户下载图像亦没有限制。定购高质量拷贝(高分辨率扫描图像、照片等)将在因特网上安排相关的机构处理”。

第三,政策制定还应该依据档案利用者的类型调整。

“关于复制费,档案馆针对教育使用和商业使用制订了不同的收费标准,对商用的收费应该高于教育目的或非营利文化机构的使用。介质或数据载体不同价格也应不同,电子出版和广播的费用较高。为了建立良好的收费管理,明确划分用户类别和利用条件透明是很重要的”。

国外根据利用者类型和性质来制定收费标准的做法很值得我们学习。利用者是收费政策的相对人,是政策制定必须考虑的对象群体。不同性质的利用群体利用档案信息的目的不同,非营利目的和商业用途虽然都应该得到尊重,但在收费策略上可以采取不同标准。实际上,我国 1988 年的《开发利用科学技术档案信息资源暂行办法》和 1992 年的《利用科学技术档案信息资源收费的规定》中,就对“社会公益”性质的利用者实施了优惠政策。

总的来说,收费政策的制定,尤其是收费项目和标准的设置,是一项难度较高的工作,需要综合考虑的因素较多。其中,信息的性质、服务质量要求和利用者类型是合理定价的关键性要素。这也就决定了档案服务机构持续开展有偿服务、增值服务,必须重视档案信息分类、服务分级、利用者分析等基础性研究工作。

责任与权力、权利与义务,如同车之两轮,不可偏废。一轮行,一轮止,车子就要打转,甚至倾覆。因此,无论是国家档案政策文件的出台,还是法规制度的修改,都必须维持责任与权力的平衡,维护权利与义务的对等,在档案利用活动中进行合理公正的利益分配。然而“责任”相对于“权力”而言,是强势群体的“肩上担”;“权利”相对于“义务”而言,是弱势群体的“护身符”。在档案政策制定过程中,过多赋予“强势部门”控制档案活动的权力,而忽视了公共档案馆应尽的和能尽的责任;过多规定“弱势个体”利用档案信息的义务,而忽视了公民应有的和实有的权利,都是不利于档案领域公共服务的推进。所以,我国档案服务具体政策的调整和设计应该追求这样一个理想目标,即在维护“公共利益”的原则下,让档案公共机构切实承担“开放共享”的责任,让社会大众充分实现“自由公平”利用的权利,并通过政策联动促进服务“效能提升”,为档案公共服务提供源源不断的支持。

第五章　高校档案的服务功能

20世纪末，为适应经济发展和改革开放的需要，我国高等教育事业迅速发展，无论是从高校数量还是在校大学生数量看，高等教育总体规模已位居世界第一位，是名副其实的教育大国，但是并不等于高等教育强国。近年来，随着我国经济调结构、讲质效和中小学在校生人数的急剧减少，稳定在校大学生数量、提高高等教育毛入学率、提升高等教育发展质量是高等教育事业发展的“新常态”。高等教育的“新常态”不仅对高校的教学、科研工作提出高标准，同时也对档案服务等工作提出新要求。档案是反映高校的重大活动事项、重点建设工程、重大科研项目、重点改革成果、重要工作内容的客观记载，它是学校历史沿革的重要依据，对学校后续发展也起到重要的影响作用。新常态下，高校档案工作如何拓展其服务功能、适应社会转型升级，实现健康、科学、可持续发展，是值得我们研究的现实课题。

第一节　高校档案在服务高校发展中的功能

高校档案对高校的发展具有重要的促进和保障作用，其功能主要体现在它可以为学校教学和科研工作提供参考依据，为组织和人事工作提供查证资料，为学籍管理和毕业生就业提供基础信息，为校园基建和后续维保工作提供图纸资料，为财务和资产管理工作提供原始凭证。

一、在教学和科研工作中发挥着重要支撑作用

教学和科研档案是高校档案的重要组成部分，是高校教学活动和科学研究开展必不可少的依据，对促进高校教学改革和科研发展具有重要的支撑作用。教学和科研是高校工作的中心，教学和科研水平的高低，是衡量高校办学质量的重要标

志。高校教学和科研与其他行业、单位、部门不同,对科学研究、教育教学的历史资料和前沿信息都有很高的标准,对档案服务的内容在深度和广度上都有严格的要求。事实上,只有一流的高校管理才能出一流的档案管理,反之,只有一流的档案管理,才能保障一流的教学业绩,出一流科研成果。

二、在组织和人事工作中发挥着重要查证作用

高校的组织、人事档案包括了全校干部和职工的各种基本信息。随着我国高等教育迅速发展,高校办学规模快速扩大,教职员工成倍增加,人才流动日益频繁,人员类别日趋复杂,为适应社会转型发展,高校不断深化干部、人事制度改革。干部实行聘用制,实现由行政任用向聘用关系的转变,员工实行竞争上岗,实现由身份管理向岗位管理的转变,面对复杂的人事变化,高校档案查证功能日益显现。规范、健全的组织、人事档案,对大批干部的培养选拔、教师职称晋升、工人的技师评聘等都起到了关键的查证作用。

三、在学籍管理和毕业生就业中发挥着重要服务作用

高校学生的学籍档案主要以文字资料的形式,记载学生的高考实绩、家庭状况、在校期间学习成绩、在校表现和奖惩情况等。完整、规范、真实、诚信的学籍管理档案,是对大学生在校学习、生活及社会实践经历现实反映,也是体现教育公平的具体要求,它可以在毕业生与用人单位之间构建起一座沟通的桥梁。完整、翔实学籍档案,为用人单位全面了解学生,合理选拔人才提供依据,对毕业生就业、创业及后续发展,实现人生价值,将提供非常有益的帮助。

四、在校园基建和后续维保工作中发挥着重要参考作用

高校的基建档案主要包括高校在新校区建设和老校区改造过程中形成的、具有保存价值的文字、图表及声像等基本建设资料。它具有原始性、广泛性、专业性、成套性等特点。在我国高等教大发展阶段,特别是在沿海发达地区,许多高校都进行了新校区建设和老校区扩建改造,形成了大量的基建档案资料没有及时归档。

进入新常态，绝大部分高校的新校区建设进入尾声，抽调的人员工作岗位陆续发生变化，校园中各种土建和构筑物以及地上、地下管线等使用、维护、检修等难度和工作量不断增加，完整的基建档案，客观的记录，后期的维修、改造将起着至关重要的查证和参考作用。

五、在财务和资产管理工作中发挥着重要凭证作用

高校财务档案主要包括会计凭证、会计账簿和财务报告等专业材料。它是高校在会计核算专业活动中形成的、具有重要保存价值的财务文件，对高校制定发展规划、下达年度财务预算、进行科学决策、维护正常经济秩序等具有十分重要的参考作用。随着我国高等教育快速发展，国家对高校财政投入大幅增加，高校的固定资产总值成倍增长，学校资产档案管理的重要性日益显现。良好的资产档案管理，可使高校管理部门在采购、使用、储备、报废物资设备时有据可查，这对提高学校资产设备的利用率，节约成本，减少浪费是非常有益的。

第二节　高校档案服务功能拓展的问题

由于前些年我国高等教育快速发展，高校的办学层次、发展规模、招生人数、教职工总数、校舍面积、固定资产总值等方面，都呈现了跨越式发展。然而由于认识上的误区、重视程度的不同，许多高校的档案建设没有与高校发展同步，主要反映在基础设备更新不及时、信息化建设进展缓慢、信息安全存在隐患、档案科技引领作用相对滞后、档案的文化功能难以有效发挥等方面，这些都是新常态下高校拓展档案服务功能有待解决的问题。

一、硬件投入不足，基础设备更新不够及时

齐全的档案设备是高校档案建设的基础，是发挥服务功能必不可少的硬件。但目前许多高校的档案管理设备还不够齐全，究其原因主要是对档案建设工作的重视程度不够；设备经费投入不足；计算机、网络、扫描仪等电子硬件设备不能及时

更新与升级;档案库中的通风、透光、恒温、防湿、防水、防火、防尘、防虫、防盗、防毒等基础设备亦不能及时更新,导致档案工作人员缺少良好的工作环境与工作条件,师生得不到便捷的档案查询服务,更严重的是对档案资料长期保存造成安全隐患。

二、手工作业较多,档案信息化建设进展缓慢

高校档案是由多种类目构成的有机整体,每种类型的档案都有自身的独特功能,其服务对象主要为校内党政机关和师生员工,也有部分服务地方经济发展的社会功能。高教大发展后,造成高校基础档案收集的工作量非常大,在整理的过程中,许多高校依旧停留在手工的水平上,并且主要用纸质形态保存,容易造成档案整理工作效率低、出错率高的情况。高校档案信息化建设进展缓慢的另一原因是,各部门对档案信息都持有保护的心态,资源不能及时共享,档案部门为不同人群提供的服务授权有限,高校与高校、高校与社会之间信息共享更是举步维艰。

三、互联网迅猛发展,档案信息安全存在隐患

随着互联网技术的快速发展和广泛应用,高校档案的信息服务渠道不断拓展,全国所有的高校都建立自己的信息管理系统、基于网络平台,打破时空限制,不同程度地开展档案信息咨询服务。然而目前许多高校在提供档案信息服务的过程中,尚未建立一整套方便、适合、周密、完善的审查体系,对应保密信息、部分公开信息、分层次公开信息和完全公开信息把握不准、把关不严。过去的经验和教训告诉我们,越是得到普及的事物,越容易存在安全漏洞,稍有不慎就可能发生不当公开事件,危害国家、社会和学校的安全稳定。

四、科技日新月异,档案建设科技创新相对滞后

高校具有人才高度集中、学科交叉综合、科研氛围浓厚、学术环境宽松等优势,但在档案科技创新、拓展服务功能方面,还存在一些值得注意的问题。如科研项目档案资料整合难,要将一个不同学校、不同院系、不同部门共同完成的科研项目档案资料收集齐全,整合归档,以便日后查阅,难度非常大;档案工作科技创新资源共

享难，不同高校、不同部门、不同学科之间，档案资源不能够开放共享，信息管理系统利用率低；档案的科技成果产生和转化机制尚未形成，导致高校档案工作的科研项目申报难，有影响的科研成果产生难，已有的科研成果产业化更难。

五、宣传意识不强，档案文化功能难以有效发挥

高校档案是高校文化信息的传播载体，是文化创新的发源地，高校的档案文化体现在大学文化建设的全过程。高校档案一般通过现代化手段开发信息资源，在开放与共享中实现自身的文化价值。我们知道，每一个高校都有自己的历史，都有自己的文化底蕴，都建有自己的独特档案。然而由于各高校对档案文化建设的重视程度和宣传力度不同，许多高校对档案建设的重要性、必要性认识没有提升到档案文化视点的高度，档案工作往往满足于过去的查询服务，忽视了对档案的深度挖掘、归纳整理、开放共享，导致档案的文化功能难以有效发挥。

第三节　高校档案服务功能拓展的路径

新常态下高校档案工作的重点是进一步开发利用高校的档案资源，在提升办学内涵、层次的同时，开发、拓展学校历史资源，挖掘其蕴含的隐形资源价值，为师生提供良好的档案服务，为高校可持续发展提供支撑，为社会文明进步作出贡献。

一、加大档案收集力度，强化档案基础业务建设

顺应新常态，高校要加大档案收集力度，扎实做好档案基础业务建设工作。在档案的收集过程中，着力提高学校各级各类人员的档案建设意识，要明确相关单位和具体人员的工作职责，强化敬业精神，激发工作热情，从文件产生的源头做好档案收集工作，做到应收尽收、应归尽归，确保基础业务档案资料收集准确、完整。在档案编研整理过程中，要按规范对大量的基础资料进行编辑整理，用纸质和电子并存的方法予以保存，便于日后查询服务。在档案基础设施升级改造方面，要与时俱进，加大经费投入，不断更新档案馆落后的条件和基础设备，及时引入新产品、新技

术、新软件，为高校档案建设实现现代化、信息化提供必要的硬件支撑。

二、加快档案建设速度，推进档案信息化建设

高校档案信息化包括档案设备的现代化、档案保管的缩微化、档案复制检索的自动化。新常态下进一步拓展高校档案服务功能，重点是加快数字档案馆建设，为顺利推进此项工作，各级档案员上交资料应将相关文件提供电子文档，相关资料转化为电子图片，以便进入数据库。同时高校应整合各方面信息资源，开发、运用档案管理系统，依托互联网建设档案管理与服务网站，为师生提供各种档案信息咨询服务。从更高层次上看，在大数据的时代背景下，要将高校数字档案馆建成社会共享的信息平台，逐步把全国已开放档案和政府部门公开的信息采集起来，实施开放服务，使信息价值最大化，避免信息孤岛。

三、加强档案安全管理，处理好档案开放与保密的关系

据美国媒体报道，世界上每 2 分钟就有 1 个企业因为信息安全问题而倒闭，造成信息安全事故的原因，大约有 70%是由于内部员工的疏忽或有意泄密。因此，新常态下高校档案管理既要为不同层次的人员提供便捷的信息服务，同时也要对不合理操作导致的风险加以规避。具体做法上，首先要明确高校档案信息审查的主体、原则、内容和方法；其次要健全档案室的人防、物防、技防三位一体的防范体系，确保档案信息服务健康有序开展。为了规避信息开放的风险，应视权限提供服务，如办公系统主要用于管理干部查阅各种文件，科研系统主要用于科技人员查阅课题、项目、成果、申报、进展情况，学籍管理系统主要用于学生查阅学分、节点、奖罚情况，财务管理系统主要用于教职工查阅项目经费、工资津贴、福利发放等。总之，档案部门要牢固树立“服务师生”的工作理念，在确保档案严肃性、机密性、安全性的同时，让人们及时得到应有的服务。

四、加速档案科技创新，发挥档案科技引领作用

档案是一个庞大的信息库。然而，长期以来受计划经济的影响，我国许多组织

机构和高校部门都将档案视为私有财产，观念上是“重藏轻用”，服务上是“你问我答、你来我查”消极被动，管理上是体制陈旧、缺乏活力。新常态下，高校应深入分析档案科技创新工作的必要性、艰巨性和复杂性，要进一步解放思想，不断创新工作思路、工作方法、管理体制和运行机制。在人力上，注重引进具有良好创新素质人才，同时加大专家对档案科技创新的指导和培训；在财力上，不断增加档案馆科技信息、科技设备、科技创新等活动的经费支持；在体制上，加大科技创新力度，努力形成既有利于调动全体师生科技创新积极性，又有利于优秀拔尖人才脱颖而出的管理体制和激励机制；在服务上，利用高校数字档案馆和重大仪器设备的远程操控平台，发挥好高校服务地方经济发展的科技引领作用。

五、加强档案舆论宣传，营造良好档案文化氛围

大学文化建设是国家文化建设的重要组成部分，是国家文化发展战略的根基，直接关系着国家文化发展的兴衰。而高校档案文化是大学文化建设的重要载体，它能够全面记录和客观反映大学文化的历史和现在，并在一定程度上影响未来。新常态下，加强高校档案文化建设，应从多元化的视角出发，积极开展对档案的舆论宣传工作，利用舆论的力量，增强全员的档案建设和保护意识，营造良好的档案文化氛围。要按照国家建设文化强国的精神要求，利用高校人才智力集中的优势，抓住招生宣传、入学教育、重要会议、校庆活动等时间节点，在内部管理文化、对外服务文化、宣传教育文化和校史传承文化等方面，充分挖掘高校档案的历史资源和文化价值，提升高校档案文化的软实力，为弘扬社会主义核心价值体系、丰富师生精神文化生活，打造出更多档案文化精品。

第六章　高校档案信息化建设

第一节　高校档案信息化建设管理的现状

档案信息化建设的实现,需要结合档案管理工作的实际需要和现实条件,遵循效益驱动的原则,使现有的信息资源发挥最大的作用,利用计算机网络,建立档案数据库和配套的管理系统,为档案工作者进行档案和档案信息的管理服务,进一步提高档案工作的管理水平和服务水平,挖掘档案资源,充分发挥档案的职能作用,为社会提供更广泛的信息利用服务。因此,在档案信息化的进程中,我们要立足档案信息化的实际情况,了解应用现状,分析投资收益,关注应用效果,在总结以往信息化经验教训的基础上,充分吸收先进国家的信息化理念,结合国内档案信息化应用过程中的难点和需要来开展工作,只有这样才能更有效地推进我国档案信息化工作的持续、健康发展。

政府行政管理、社会公共服务、企业生产经营要运用数字化、网络化技术,加快信息化步伐,大力推进国民经济和社会信息化,是覆盖现代化建设全局的战略举措。在这一精神的指引下,我国档案信息化建设取得了长足的发展。

目前我国档案信息化建设的基本状况主要表现在以下几个方面:

一、档案信息化建设已经被列入地方国民经济和社会发展计划

北京市就档案信息化建设明确提出了四项主要任务:加快档案信息网络建设;实现首都公用信息平台与市区县档案馆之间联网及开发档案目录信息资源共享;逐步提供开放档案目录网上查询;有选择地公布档案编研材料和提供部分档案全文浏览服务。

天津市指出:实现档案系统内市、区县两级信息资源共享,为全面建设以市档案馆为中心,各区县档案馆、专业馆为基础,辐射各级各类档案室,与市公共信息网连接的互联互通、资源共享的网络信息资源奠定基础。统筹考虑天津市档案目录中心建设,将其作为天津市档案信息网的重要组成部分。

顺德市指出:要重点抓好政府信息电子商务、社会公益信息系统建设,推进电子商务和网络信息服务,开发档案信息资源,建设一个档案信息资源丰富、现代化水平较高的档案事业管理体系,形成涵盖国计民生的所有重要经济社会领域的规范化的信息应用系统和完善的信息采集、处理、反馈、分析、预测和决策系统。

深圳、顺德和其他有条件的市县要初步建成数字档案馆或电子文件中心。为此深圳市确定:建立数字档案馆系统,制定电子文件归档和电子档案管理办法,将深圳市档案馆原有各种载体的档案数字化,通过互联网与政府各部门的办公自动化系统相连接。

吉林省档案局提出:把档案馆建成档案信息资料传播交流基地。应用信息技术建立全省各级档案信息网络,初步实现市(州)县(市、区)档案信息网络运行,完成全省档案数据库建设。

福建省档案局提出:以“福建省数字档案馆工程”建设为重点,争取把档案部门纳入“数字福建”建设范围,遵循“以档案信息资源建设为核心,以档案网络建设为基础,以档案信息资源社会共享为目标”的档案资源信息化原则,逐步实现档案资源信息化、信息服务网络化、信息管理法制化。

江苏省委、省政府办公厅指出:将档案信息网纳入各级党委、政府网工程系统之中,建立全省统一的档案目录数据库。要实现馆藏开放档案目录的网上查询和浏览服务。建立和完善省、市、县三级档案目录中心和珍贵档案目录中心,并上网发布。

其他省市,如新疆、河南、安徽、宁夏、湖南、广西、贵州等也结合各自的实际情况,将档案信息化列入国民经济和社会信息化发展规划,提出了档案信息化建设的具体规划。

二、档案信息网站建设发展迅速

上海公务网系统中的档案局馆网站于2003年7月25日建成开通，网站开设的栏目有单位简介、每周动态、政策法规、专题特辑、档案展览、咨询服务等。浙江省各级档案部门依托“数字浙江”的平台，全省96个档案局在互联网上建立了网站。档案网站的建设不仅是宣传档案网站的“窗口”，而且已成为公布档案，为社会各界提供档案信息服务的重要基地。

三、档案信息化建设水平有明显提高

全国部分数字档案馆的试点工作取得了实质性的成效。在这些档案馆中成绩比较突出的是青岛市档案馆和深圳市档案馆。2013年青岛市档案馆通过了国家档案局专家认定，这也是我国第一个数字档案馆。早在1996年青岛市档案馆便开始探索档案信息化建设，随后投资百万建成了一套档案信息管理系统，并加快信息数据的准备工作，虽说产生了积极的作用，但由于功能单纯，无法满足档案信息采集和远程利用的要求。2010年，青岛市提出了建设数字档案馆的设想并列入青岛市信息化建设和数字发展规划。2011年，青岛市正式启动数字档案馆建设项目，经过两年多的调研论证、软件开发、硬件配置、数据准备、网络调试，于2013年正式投入使用。目前整个系统运行稳定，安全性和可靠性得到保证，数据量稳步增长，仅目录数据就达900多万条，全文信息已有400多万页，且每年以300万页的速度递增，发挥作用越来越明显。首先，满足了电子文件归档和采集归档的要求。从2013年起，青岛市市直各单位都按照数字档案馆建设的要求实现了电子归档，并采取在线或脱机形式向档案馆移交，已接收电子文件50 000余份，通过网络直接采集数字信息达20 000余条。其次，提高了工作效率和管理水平。从数据采集到加工、整理、鉴定、分类、统计、检索等，全部通过网络实现，效率成倍提高。当然受益最大的还是利用者，无论用户在办公室、在家里或直接到档案馆，通过政务网和本馆局域网，都可以查阅本馆开放档案和先行非保密文件。其中，金宏网络用户还可以通过数字文件中心，直接查阅党政各部门尚未进馆的非保密文件。

在青岛市档案馆的带动下,深圳市档案馆也取得了令人瞩目的成绩。国家档案局在深圳召开了“档案信息化建设现场演示会”,标志着“深圳数字档案馆系统工程建设”项目取得了实质性的成果。自深圳市确定建立数字档案馆系统以来,深圳市档案馆明确了数字档案馆的五大任务:一是基础设施建设,主要包括网络环境、硬件环境和系统软件建设部分;二是应用系统建设,目标是建成一个可扩展的网络应用系统,其功能涵盖档案的数字化加工,电子档案信息的采集、处理、存储、归档、组织、发布、利用及数字档案管理的全过程;三是数字档案资源建设,其定位是分布式文件、档案数字资源构成的具有强大服务功能的跨机构、跨地区的信息系统,通过对各类信息的整合,形成一个综合信息资源库,以满足社会各方面对资源信息的需要;四是标准规范体系建设,深圳档案馆在建设过程中,采用研制机制,建立了一套相关的政策法规、业务规范、技术标准和管理规则;五是人才队伍建设,贯彻以管理型人才为基础,以复合型人才为重点的指导思想,以适应数字档案馆的建设和正常运行的需要。经过两年的努力建设,深圳市档案馆的数字化工作取得了阶段性的成果,基础设施已基本到位,应用系统的研制开发已经基本成型,档案数字化加工生产线已经建成,日加工能力不断提高,建立了一定数字规模的数据库,数字档案馆正在进行布点、布线,有关设备正分批购置,陆续到位,运作机构已由市编办正式下文成立予以定编,各项规范体系建设正在积极开展。

四、地方性档案目录中心的建设工作取得了显著成效

加强档案目录中心建设,组织各级国际档案馆建立区域性的档案目录中心,实现档案信息资源共享。区域性档案目录信息服务中心以历史档案资料目录中心的信息源作为基础,广泛采集各种信息馆藏资源,结合现行文件的提供利用,尽量在最大限度内开发档案信息资源,满足社会公众对档案信息的不同需求,提高公众从档案馆获取信息的效率,更好地发挥档案资源的作用,为社会公众提供更好的服务。在山东省济南市和江苏省常熟市,档案馆将馆藏档案信息和现行文件向社会各界提供服务,深获好评。

五、有关档案信息化建设的科研工作和信息化标准体系得到重视

要坚持依靠科教振兴档案事业的方针,加快档案信息化进程。努力学习和运用数字化、网络化技术等当代先进的科学知识与科技手段是推进档案信息化建设,实现档案事业跨越式发展的关键。在国家档案局和地方档案局的重视和指导下,档案科研工作的重点已实现向档案信息化建设的转移。在档案信息化科研成果取得显著成绩的同时,我国档案学术界对档案信息化问题的研究也在社会信息化的推动下有了长足的发展。

第二节　高校档案信息化建设管理中存在的问题

档案信息化建设在社会信息化的大环境下,在国家政策的宏观指导、地方政府的大力支持下,以及档案工作者的积极努力下,取得了显著的成效。但档案信息化建设作为社会信息化的产物,在社会信息化的过程中还存在着许多问题和困难,档案信息化建设要真正跟上时代信息化的建设步伐,还有一个漫长的发展过程,这就需要档案管理工作者时刻保持清醒的头脑,在取得的成绩面前要看到自身的不足。目前档案信息化建设过程中存在的问题很多,归纳起来主要有以下几种:

一、观念陈旧,缺乏全局规划

档案管理信息化是以转变观念为前提的创新性工作,因此一个单位的管理理念直接影响到本单位的档案信息化程度,对于那些习惯于传统的手工管理模式和操作方法的管理人员,即使单位建立了网络,购买了最新的软件系统,也不会改变自身传统的做法,也不会真正把管理系统用起来,而是把档案管理信息化作为一种摆设;其次是缺乏全局的规划性,没有把档案信息化建设纳入单位工作的全局规划,各档案馆的信息化也存在各自为政、各取所需、缺乏统筹安排和协同发展等问题,信息化过程中依然存在着“头痛医头、脚痛医脚”的现象。

二、基础建设发展不平衡

在档案信息化建设过程中，明显存在着地区发展不平衡的问题。据资料统计，全国 31 个省、自治区、直辖市的档案馆在局域网的建设中，在已建立的综合档案馆网站中，中西部占 10%，中西部地区市、县级综合档案馆建立的网站数只相当于发达地区的 15%，在有些省，区县档案馆的微机普及率不到 50%，地区间的发展严重不平衡。

三、利用网络参与服务社会发展的能力不够

目前在全国设立档案网站的比率还很低，一些设立网站的信息还比较单薄，大多数网站还没有实现网上检索和网上服务的功能。目前大部分网站的服务水平还停留在提供原生目录检索阶段，能够提供检索的也是很少的一部分。档案信息化的目的是满足社会对档案信息的需求，因此档案馆所提供的信息应该是比较全面的目录数据库，它不仅包括目录信息、全文信息，还应包括知识信息等。目录信息是建立档案实体的目录数据库，建立的目录应非常详细，既要有全宗级、案卷级，还应有比较基础的文件级目录数据库，使用者从目录检索就能了解档案馆档案存储的全部情况，就能在短时间内检索到用户所需的信息资料。全文信息是档案信息数据库的核心内容，也是档案信息化建设发展的方向。知识信息是指能满足社会需求，对原始档案信息经过加工、提炼的系统信息。目前大部分档案馆、档案室所能提供的信息大多数还只是目录信息，能够提供知识信息的还很少，这必然影响到档案馆的发展进程，影响到信息服务能力的发挥。

四、档案开放鉴定工作还相对比较落后

档案信息化建设是社会信息化的重要组成部分，信息化的最终目的是以档案实体的数字化信息方式向社会提供服务，这就要求档案管理部门遵循档案开放的原则，在保护保密档案的同时，加大可开放档案的开放力度，这既是国家档案保密法的需要，也是保障公众合法需求的需要。但是目前各级档案馆的开放状况不容

乐观。造成目前档案开放现状差的原因是多方面的：一是对《档案法》的理解不全面，未能正确处理好保密和开放的关系，造成该开放的未开放。馆藏开放档案一般只满足于做到30年期满档案开放鉴定，没有正确理解《档案法》中规定的在不影响国家利益、商业秘密、私人隐私的原则下，科技、文化、教育等档案应及时开放。二是档案开放鉴定理论和标准的制订相对落后，特别是鉴定标准的原则性强、可操作性弱，影响了开放鉴定的进度。三是由于历史原因造成馆藏档案中待开放鉴定的工作量大，在人力和财力上也受到一定的限制。四是对档案信息化环境下档案鉴定工作中出现的新情况、新问题研究得不够，还没有找出合适的解决办法。对于在档案信息化建设中出现的问题，还需要档案工作者不断地探索，找出解决问题的新路子。

五、对档案信息化建设理论的认识不够

目前在档案信息化建设的过程中，国家出台了一系列的方针政策，政府在《全国档案信息化建设实施纲要》中也提出我国档案信息化建设的具体实现目标，各地政府也出台了一系列相应的政策措施，但是在信息化的建设过程中仍然存在着许多实际问题，特别是作为指导档案信息化建设理论研究的力度不够，对档案信息化建设还不能形成完整的指导体系。在档案信息化建设中虽然解决了一些实际的问题，但还存在着一些影响档案信息化建设持续发展的重大问题，比如档案信息化的标准体系、对档案信息化的一些指标体系的定位、档案信息化自身的特殊功能，等等。随着社会信息化建设的不断深入，一些与档案管理相近的部门取得了很好的成效，比如图书情报管理工作为档案信息化建设积累了宝贵的经验，再加上档案信息化建设的过程中管理部门自身也积累了一些经验，这些经验为档案信息化建设理论的研究积累了宝贵的素材，但作为理论体系来指导实践还与实际需要相差甚远，只有在不断的实践中丰富已有的理论，才能对实践起到真正的科学指导作用。因此政府应加大对档案建设理论的投资力度，在人力物力上给予大力支持，为档案信息化建设理论的研究创造条件。

第三节 高校档案信息化的应用现状

一、我国档案信息化的应用现状

目前我国档案信息化建设,在社会信息化、国家政策的指导下健康发展,为了客观、深入地了解我国档案信息化的应用现状,就目前我国档案馆的常规做法做一简单介绍。

(一)国家整体规划、统一领导

全国不少单位在信息化的过程中采取了由国家整体规划、统一领导、集成化应用的做法,取得了较好的效果。这些单位在信息化的过程中,把信息化作为单位信息资源的重要组成部分来实行统一管理,不仅使档案管理实现了现代化,而且解决了电子政务产生的大量电子文件的归档问题,使档案利用者在自己的职责范围内可以方便地查阅自己需要的信息,实现了电子文件从生成到检索的一条龙管理过程,即生成、处理、收集、整理、移交、归档、档案管理检索利用。在档案信息化的过程中运用这种管理方法取得了显著的效果。具体的做法是,他们在本部门主管的范围内,从实际出发,立足现实需求,确立项目的管理目标和实施标准;在技术路线上从本部门实际出发,确立了适合本部门发展的可行方案,这样既使本部门的发展少走弯路,也大大减少了不必要的经费开支。事实证明,只有采取科学有效的实施方法,开展符合实际业务需要的信息化建设工作,档案管理的信息化系统才能取得最佳的成效。

(二)全面开展,重点建设,落实到位

随着社会电子政务业务的不断开展,一些比较大的档案馆接受的电子档案无论种类还是数量都在不断增多,档案管理的业务也越来越复杂,在这种新的应用方式下,对一些使用率比较高、保存难度大的档案采取重点突破、加强落实的做法取得了非常好的效果。有一个市级地方档案馆在编制整体信息化建设战略与规划的

基础上，采取了收集、编目、整理、加工转化、保管、利用的业务流程，开发和实施支持档案业务的管理系统，技术上采取了本单位自主研发和“外包”实施相结合的技术路线，充分发挥档案自身的独特优势，使系统从开发设计到目标的实现都能保证信息的畅通，先后成功实施了档案数字化制作系统、全文数字化信息管理系统、档案数字化应用系统、局域网站发布系统等。该管理系统在设计思路、管理流程以及应用的模式上针对性比较强，使得该系统在运用的过程中始终保持良好的运行状态，档案馆在目录编制、保管利用、对外开放等业务管理环节上，实现了自动化的管理模式，不但提高了档案管理的水平，也大大提高了档案的周转速度，挖掘了档案自身的独特潜质，提高了档案的服务效率，为其他档案管理部门提供了很好的借鉴。

（三）脱离实际，没有目标，盲目仿效

在全国有部分档案馆（室）的档案管理，从档案建立目录到档案的查找利用还完全处于手工操作的管理阶段，但先进单位的档案管理办法让他们羡慕不已。于是在没有经过充分调研的情况下就选定实施先进单位的运行模式，加大投入的力度，购买比较先进的网络信息管理系统，由于前期的基础数据准备不够充分，档案管理的工作人员计算机水平较低，没有机会学习和接受培训，再加上缺乏网络化的信息管理经验，是在管理的过程中形成了沉重的负担；有时即使购买了先进的管理软件，由于档案馆内部没有局域网或办公网，也使网络办公无法正常地使用，这样投入了大量的资金购买来的设备却形同虚设，实际工作仍然是手工管理，其结果是造成了人力物力的巨大浪费，在一定程度上使档案管理业务人员对档案信息化建设和应用产生了抵触和反感情绪，挫伤了档案信息化建设的积极性。

（四）需求驱动，分步实施

档案信息化建设在全局战略的基础上采用分步实施的策略，也是许多档案馆开展信息化建设的主要思路之一。比如某大学档案馆开展“需求驱动，分步实施”的应用策略，首先选择了业务繁忙、工作量大、档案流动性强的人事档案管理业务作为首期网络化应用的突破口，针对人事档案管理业务定制档案管理信息系统。

该系统的成功实施与应用,大大提高了业务人员的工作效率和管理水平,特别是系统在人事库房的系统管理中,对盘点、入库及转出等流程环节,采用了无限条形码扫描技术,实现了对馆藏档案数量的准确统计、规范化管理和高效率盘点。

当人事档案管理信息系统正常运行后,各档案馆开始考虑其他档案门类如文书、科技等档案信息管理,发现各个门类的档案管理业务流程和操作功能上有很多相似之处,只是档案管理的元数据或者著录编目的内容不一致,如果一个一个地去开发,软件管理人员将会陷入重复的劳动中,这样做的结果是:不仅工作效率低,而且系统实施运行后的工作量也很大,系统升级的工作量将会更大。于是在经过详细的工作与调研之后,他们产生了一个开发通用档案管理信息系统的想法,使其能够适用于所有档案馆的管理业务,适用于所有档案馆的档案全宗、档案门类、案卷级、文件级等各种模式的管理,并在系统升级和维护方面做到尽可能多的改动。这对软件开发人员来说,实际上是将软件开发中大量的重复性体力劳动变为脑力劳动加上编程技巧,增加了软件的高附加值。在周密的系统设计和严谨的软件开发之后,各档案馆又开发了一个较为统一的档案管理信息系统,并应用于档案馆内的各部门,取得了良好的运行效果。

(五)应付检查,虚假摆设

有一些档案馆为了达标,应付上级检查,不加选择地购买某一品牌的档案管理信息系统,但只录入很少的一些数据,实际工作依然是手工管理。有的是业务并不多,完全靠手工管理就能满足工作的需要;有的是想使用计算机,没有机会学习和接受培训;有的则是购买了上级指定的软件而自己又不使用。总之是造成了投资上的浪费,甚至在一定程度上使档案管理人员对档案信息化建设和应用产生了抵触和反感情绪。

(六)闭馆自守,维持原状

有一些地市档案馆(室)把自己置身于当前档案信息化发展的大环境之外,固执地认为档案馆就是储存档案的仓库,用传统的手工操作同样可以进行档案管理,没有必要投资去购买先进的办公设备和应用软件,不愿意也没有必要进行改进,更不用说给档案管理工作人员提供走出去学习经验,加强与外界沟通交流的机会。造成这种局面的原因很多,除了单位领导不重视,没有把档案管理纳入本单位工作的议事日程上,本单位的一些客观因素也决定了档案信息化建设无法正常进行。

二、档案信息化应用现状分析

目前我国档案信息化应用现状,可以从以下几方面加以概括:

(一)对档案信息化的认识程度不同

一个单位领导和工作人员对信息化的认知程度,直接影响着本单位信息化的开展程度,直接影响着信息化的应用现状。其主要表现为以下几种:

(1)满足于现有的手工管理方式,认为本单位的档案不是很多,用传统的手工管理就很得心应手,对现代化管理和信息化应用知识的了解很少,从内心没有想了解,更不想深入地学习,甚至认为采用计算机管理会导致管理人员减少,自己也会面临下岗的威胁,就是说从根本上对现代化管理有排斥情绪。

(2)对信息化没有足够的认识,简单地认为信息化就是增加计算机,把档案目录的一些数据输入进去,然后再把计算机连上网络,能够实现一些简单的目录查询、数据统计,根本没有考虑档案资源共享的问题;或者认为采取网上邻居的资源共享方式就已经足够了。

(3)使用单机版操作,采用网络化的方式实现内部资源共享的愿望比较迫切,盲目地把一些开放的档案资源放在网络上,提供检索和利用,但不知道应该做哪些准备工作,更不知道下一步要做什么,简单地认为一套软件系统就能解决所有的问题,因此把所有的希望都寄托在信息技术人员身上。

(4)档案馆内部购买了设备系统,包括办公自动化、文档一体化、数字化等,但没有形成资源共享,形成了内部信息的孤立状态。

(5)网络化应用比较普遍,但只是局限于档案管理部门的局域网内,没有提供档案管理部门的网上归档以及档案利用单位或部门的网上检索与利用。

(6)还有一些档案管理部门,对档案信息化的理解程度相对深刻,一开始就表现出极大的热情,成立专门的发展机构,寻找专业的合作伙伴,聘请有关专家来做顾问；在实施的过程中，采取了全面规划、总体集成、分步实施、重点突破的指导思想，真正理解档案信息化和现代化管理的实质内涵，并按照现代管理的思想对信息化工程的进度、成本和质量严格把关，能够正确地认识信息化过程中出现的风险，并能采取适当的措施加以回避，使档案一体化的效果达到最佳状态。

（二）开展档案信息化工作的具体方法不同

纵观档案信息化工作的开展方式不外以下几种：

（1）购买现成的软件，回来后主要考虑如何使用，在技术方面如系统的维护、升级等的问题主要由专业技术人员负责，或者由软件开发商进行托管。

（2）本部门信息化所使用的软件是由本部门自己研制开发的。这类档案馆一般来说相对的技术力量比较强，可以成立自己的研发部门，这样做的优点是：在系统研发的过程中可以立足本单位的实际情况，有针对性地开发，并随着业务的逐渐开展，可以及时进行系统修改、完善更新，这样做避免了购买现成软件不切合本单位实际需要的缺点。

（3）本单位所使用的管理软件采取本单位立项，委托软件公司，针对本单位的业务需求和发展需要进行开发研制。这些单位一般来说都是基础条件相对较好、资金相对充足的单位。

（三）对档案信息化工作内容的理解程度不同

（1）认为档案信息化就是买台计算机，买一些应用软件就可以了。

（2）幼稚地认为，档案信息化只是档案部门内部的事情，不需要其他人员的参与。

（3）认为档案信息化就是使用计算机管理目录数据，能够在网上检索到档案的目录和数据，就实现了档案资源的共享。

（4）认为档案信息化就是学会使用购买的现成软件，信息化的管理理念和手工业务管理没有太大的区别。

（5）认为信息化工作是一个长期的、全方位的系统工程，需要在总体规划的基础上根据实际需要逐步开展，并逐步创造条件，提高业务管理水平，提高工作人员的整体素质，在档案管理、馆藏数字化以及电子文件归档等方面，不断探索档案管理的新思路、新模式，实现档案一体化的现代管理，实现全馆内部信息的集成，实现档案馆与相关业务部门之间信息的集成与资源共享。

（四）对档案标准化、规范化的理解程度不同

任何档案管理信息系统的设计、开发和利用都会在不同程度上支持档案业务管理的标准和规范，比如规定标准的设计字段的格式等，目前有不少的信息系统实现了流程化管理以促进档案管理业务流程的规范化和程序操作。然而在使用过程中，有一部分档案管理的业务人员不愿意接受约束，特别是时间格式、字符数字格式等，甚至不愿意实现流程化的管理模式，而喜欢将所用的功能模块集中到一起使用，使用的不规范性造成了很难在用户权限上进行控制，而且造成统计数据的不准确。

第四节　高校档案信息化建设的困境

档案信息化建设是社会信息化的产物，由于信息化是一种新兴的社会事物，因此它在成长的过程中会出现许多问题和困难，同样作为信息化产物的档案信息化建设，在推新的过程中还是会存在许多实际问题得不到解决，目前存在的问题大概有以下几个方面：

一、管理人员的管理理念

档案人员的管理素质、管理理念、管理模式直接影响档案信息化的开展程度，目前信息技术的发展速度已经超过了档案行业队伍的建设速度，目前市场上档案管理软件的发展速度和可用性，完全能够满足当前档案管理业务的需要。但长期以来，由于人们管理理念的落后，档案部门被看成是“文件的保险柜”，档案工作者被看成是看门守摊人。就连档案管理人员本身思想观念也比较陈旧，对档案信息化的埋解非常狭隘，认为买了计算机，把一些档案管理的数据输进去，需要时把数据调出来，档案信息化也就实现了。因此要从根本上实现档案的信息化建设，就必

须更新档案管理的理念，强化法治意识和服务意识，通过档案的信息化建设来推动整个档案工作水平的进一步提高。其次，要正确理解档案的现代化、数字化和信息化建设的辩证关系。档案信息化建设中的“信息”指的是“档案的信息资源”，它的内容很广泛，包括档案信息资源的整理、网络建设、数字库建设、人才队伍建设等，它是档案信息本身和支撑档案本身信息运动的物质基础。而档案的现代化是实现信息化的手段，数字化是信息化的基础，档案的信息才是目的；同时信息化的实现还需要领导的重视和资金、技术的支持，以及档案管理人员严谨的工作态度。只有把现代化的信息技术与现代化的管理手段有机地结合起来，才能实现真正意义上的信息化建设。

二、对网络和信息技术的理解程度不同

对信息技术的了解和认知程度不同。有的单位没有认识到档案管理的重要性，所以长时间内对档案的信息化建设始终处于排斥状态；有的单位虽然认识到了信息化建设的重要性，也付出了实际行动，购买了应用软件，建立了本单位的网络体系，但并没有充分地利用互联网技术（IT，Internet Technology）资源优势来更好地开展业务服务，也就失去了建立网络的意义。

另外，不同的部门对网络化资源共享的认识与了解程度也不尽相同。网络版档案资源信息管理系统（AMIS，Archives management informantion system）的最大优点是一次录入，多次利用。一些人错误地认为只要有了网络版系统就什么都可以用了，甚至认为，不录入基础数据也应该查到相关的信息，把网络版 AMIS 当作是无事不能的百宝箱，这些都是对网络化理解不深刻的具体表现。

三、只购买软件，不购买实施和维护

网络化的档案信息系统是一个信息系统的整体，它不仅包括数据库管理、网络资源管理，还包括服务器管理以及维护系统等。有些档案的使用单位虽然也购买了先进的软件，但由于不购买商家的系统实施服务，使得所购买的软件不能得到利用。造成这种情况的原因除了对使用服务器的了解不够、不重视，主要还是对档案

信息系统的认识不全面。

四、缺乏统一的规范和标准

从档案管理的元数据标准到数据库模型的建设,从数据字典到数据内容,都缺乏统一的标准,缺乏统一的规范性管理。有的单位由于对规范化、标准化标准的认识程度不够,因此在运行的过程中动不动就删掉已经使用的数据字典,导致系统中存在大量的无用的垃圾数据,或者出现一些重要的数据流失的现象,造成一些关键的数据无法查找。由于在运行过程中删除数据的随意性造成了数据库的基础数据不规范,给以后的统计工作带来了很多麻烦,造成了个别数据无法统计或者统计数据不准确。

五、使用者和开发商之间缺乏交流和沟通

首先,用户一般多采用购买软件来使用,虽然用户在购买之前对提供的方案做了调查和了解,但在使用的过程中会出现设计与使用有不相匹配的情况,由于使用者和开发商之间沟通不透,造成开发商对需求把握不准,使使用者和开发商之间很难找到平衡点,是档案管理系统实施难、使用难的重要因素之一。其次,随着档案信息化程度的不断深入,社会对档案管理系统的需求也在不断地发生着变化,开发商只有做好产品的后期跟踪服务,不断地从用户使用中发现问题来完善自身的产品,才能实现产品的可持续发展,产品才能得到更多用户的认可,才能有更好的发展市场。

六、缺乏开发的资金

档案信息化建设需要有强大的资金作保障,在具体的实际工作中,各单位在资金上对档案管理投入较少。主要原因是单位领导的不重视,没有把档案工作当作一件大事来抓,没有把档案工作纳入本单位工作的议事日程;除此之外,档案工作人员缺乏创新精神和创新意识,再加上学历结构和业务水平较低,因此根本没有想到去争取资金,获得更多的资金支持,更不用说争取走出去与外界加强沟通与

交流。

七、档案信息化工作没有打破行业的局限性

从服务业务的角度来看，档案管理与图书情报业务有很多相同之处，总体来说图书规模数量上远远高于档案，最近几年图书情报的发展是相当快的，档案管理如果能够借鉴图书情报的管理理念、方法和思路，加强与相关行业的沟通、交流和学习，那么就会大大加快档案信息化的发展进程。而目前档案管理工作者还不能解放思想，打破行业的界限，取长补短，还仅仅局限于行业内部的交流，即使开展一些培训工作也只是低层次的，没有起到多少提升作用，这种只局限于本行业内部的思想，严重地阻碍了档案工作发展的脚步。

八、缺乏激励机制

目前有一些部门还抱着吃大锅饭、吃皇粮的思想，认为干多干少一个样，这种管理思想一方面造成大量的人才流失，另一方面使一些高学历、高素质的人才引不进来，严重影响了档案队伍的建设。

总之，要实现档案工作的信息化更好地服务于社会的信息化建设，档案工作者就必须转变管理理念，解放思想，勇于开拓创新，不断地加强自身学习，提高自身的业务水平、专业素质和专业技能，并积极参与社会信息化工作，不断地汲取知识的养料，不断地丰富和完善自己，真正把档案信息化工作纳入议事日程上来，把档案信息化工作的每一项任务都落实到位，制定出规范化的标准制度，充分发挥档案资源的内在潜质，逐步实现馆内馆外资源的共享。也只有提高了档案资源的利用率，才能提高人们的认知度，才会推动更多的社会需求，档案信息化工作才会有更好的发展前景。

第七章　高校档案信息化的规划

计算机网络技术的快速发展和广泛应用,给人类社会生产力的发展带来了革命性的进步,给现代化建设注入了全新的内涵,也加快了实现现代化的历史进程。IT 引领着现代科技发展的同时,也为科技创新提供了先进的手段。现代信息技术的发展改变着人们的生产方式和生活方式,使人类的发展快速进入到信息时代,信息化已经成为时代发展的潮流,信息化建设正在深入到社会的各个领域,信息化战略已经成为档案事业发展的时代方向,成为国家信息化战略的重要组成部分。

《全国档案信息化实施纲要》明确了档案信息化的建设方向、建设目标和基本要求,实现档案信息化要在确定档案发展战略的基础上,制定出适应档案信息化发展的战略规划,使档案信息化的发展适应社会发展的客观需要,为整个社会的发展提供强大的档案信息资源,充分挖掘档案信息资源的内在潜质,使档案管理更好地服务于社会。

第一节　高校档案信息化的发展战略

随着社会信息化程度的不断深入,人们对档案信息化建设的认识也越来越深刻,利用现有档案服务社会的意识也越来越强,因此加快档案信息化建设,规范档案管理的标准,构建技术先进完善的信息化支撑平台,培养一批高素质的档案管理队伍,促进档案与社会资源的整合、利用与共享,不但是社会发展的需要,而且是档案事业在新时期的发展战略。

一、档案信息化建设已成为国家信息化建设的重要组成部分

档案资源作为基础性资源,是国家信息资源的重要组成部分,它的内容也必将

成为信息化建设的重要内容之一，因此档案信息化建设也必将纳入国家信息化的战略规划，成为信息化建设总体战略的重要组成部分。

随着人们对社会信息化认识的不断提高，整个社会都在大力推动电子商务、电子政务的发展，利用信息技术提高政府的监管能力，转变政府职能，改变教育管理手段，提高科研和人才管理水平，在社会多个领域不断培育出以应用为主导、与社会需要紧密结合的示范项目。近几年来社会信息化建设呈现出良好的发展势头，其突出的特点主要表现在以下几个方面：一是人们对信息化的认识不断深入，信息化应用技术越来越普及，信息化对社会发展的推动作用日益突出，社会对信息化的认知程度日益增强。二是电子信息产品制造业的规模不断扩大，在一些重要领域获得了突破性的进展，电子产品生产和出口的增长速度大大高于传统产业。我们在看到成绩的同时还应看到不足，比如在信息化管理体制改革、信息化理论创新、信息基础设施建设、信息资源的开发利用、信息技术的普及应用、信息人力资源开发、信息产业结构的调整等方面还存在许多问题。档案工作者在当前的形势下应学会客观地认识信息化过程中出现的问题，既不能看到成绩就忽略了缺点，也不能因为问题的存在就对信息化建设失去信心，应在发展的前提下，抓住发展的大好机遇，创新工作，勇敢地面对时代的挑战。我们只有脚踏实地，勇于挑战，把档案信息化建设纳入国家信息化建设的战略规划，才能保证我国档案事业持续稳定的健康发展。

在《全国档案信息化建设实施纲要》政策的指导下，各地档案管理部门大力响应，积极投身到当地的电子政务建设，并把档案信息化纳入当地政府的发展规划之中，在全国启动了一批信息化工程的重点项目，并取得了很好的成效。例如投入百万元已经建成的青岛市数字档案馆、深圳市档案馆等，他们为全国档案馆的建设积累了宝贵的经验，积极推动了全国数字档案馆的建设。

二、档案管理现代化成为奋斗目标

传统的档案管理运行模式比较落后，其特点表现在对档案资源的积累处于被动的工作状态和时间上严重滞后，对档案资源的利用停留在不变和处于“备查的状态”。主动开发和利用档案资源更显得十分局限。长期以来这种状况不但严重影响档案资源作用的发挥和对现实工作的支撑,并且严重影响了档案工作的作用和地位,不利于档案事业的可持续发展。

现代化的管理离不开先进的技术设备,它是档案管理的物质基础和技术手段。没有先进的设备任何技术方法和目标都难以实现。先进的技术和设备必须由先进的管理理念来支配。在信息社会快速发展的今天,现代化的先进设备已运用于社会生活的各个领域。档案工作也是如此,目前计算机已被广泛用于档案管理的各个方面,大大加快了档案工作信息化的进程。

档案管理的现代化是档案管理内涵和手段的深刻革命,其内涵和手段都发生了深刻的变化。档案信息化的大力发展必将改变传统的档案管理理念和运行模式,改变档案资源的积累过程、存储介质、保存形态、检索手段、利用方式等,改变档案管理的业务流程和档案工作的人力资源。档案的信息化建设将推动档案工作的现代化进程,使档案管理的理念得到全面提升,使档案资源得到更充分的利用,使档案管理的理念不断地创新和发展,使档案的价值得到更好的发挥,使档案工作的作用得到更充分的体现,使档案工作队伍承担起更大的社会责任,更好地实现服务于社会的最终目的。

档案管理的现代化主要包括以下几个方面:

(一)归档实现自动化

在自动化网络办公的条件下,其管理文件以电子文件的创建和流转为特征,档案的形成以电子文件的形式出现,对电子文件的归档管理实现自动化,并以逻辑归档的形式通过网络运行实现文档一体化。

(二)管理的标准规范化

现代化管理的一个显著特征就是标准的规范化,按照国家档案信息化的要求,制定电子文件和数字档案的管理标准,确定搭建系统平台的功能要求和技术规范,制定网络和信息安全管理标准和规章制度,制定相应的网络规范和管理制度,把国家的法律制度作为档案信息化建设的制度保障。

(三)搭建网络化的服务平台

档案管理信息系统在对数字档案资源进行安全管理的基础上,通过局域网、办公网和因特网等网络信息系统实现客户对数字档案的检索、查询、下载、打印以及开发利用,最大限度地提高档案资源的利用率。

(四)馆藏数字一体化

馆藏数字化是现代化管理的基本要求。为了满足信息社会对档案资源的需求,利用现代化的管理手段对馆藏档案进行数字化的处理,形成数字档案,使档案的检索、查询更加方便快捷,同时有利于档案资源的开发和保护。

(五)实行网络化的智能控制

保证网络的安全是智能化管理的重要工作。它是利用信息网络系统、管理信息系统和基础资源设施,建立智能化的控制系统,实现对档案资源的规范化管理、工作场地的安全监控、工作人员的智能识别、工作内容的状态跟踪以及安全机房的智能控制。

三、档案信息化建设走上了规范化的发展轨道

在档案信息化建设的进程中,各级档案主管部门对档案信息化建设进行了大胆的探索与实践,取得了初步的成效,目前已初步实现了电子档案管理的规范化,研究了适合档案管理模式的互联网建设、软硬件的集成化管理模式,丰富了公共信息资源管理、网络安全管理、数据保护、知识产权保护等法律规范,有效地预防了计算机犯罪和网络犯罪,保证了档案信息化建设向规范化、模式化的方向发展。但由于在信息化建设的过程中,各单位的情况千差万别,因此不同单位会采用不同的数据库和不同的信息系统,这样就会形成不同的电子文档,这样就对档案管理部门的管理提出了新的要求。这就要求档案主管部门从本单位的实际情况出发,结合国家相关的政策法规,制定出电子文件归档、档案信息采集整合和安全管理的具体标准,加快建立健全档案信息化标准的实施体系。首先,各单位应建立适合本单位实际需要的档案鉴定、归档、保存、保管、利用的规范化标准;其次,应建立完善的档案

管理制度,制定有效的安全管理体系和安全操作规范,确保档案信息系统的安全。

标准化、规范化制度的建立,为逐步建立完善的网络信息平台奠定了基础,推动了档案信息资源的整合,最大限度地实现馆内、馆外资源的共享,通过法律法规制度的建立,有效地保证了档案信息化建设沿着规范化、模式化的轨道健康发展。

四、档案人才队伍由单一型向复合型方向发展

档案信息化建设是一项新兴的、复杂的系统发展工程,整个系统的建设不仅涉及信息技术的软、硬件和网络系统建设,还包括信息资源的搜集、开发和利用,这两项建设内容归根到底都离不开人才,因此人才队伍建设是信息化建设的核心,是信息化建设的关键所在。因此在信息化建设的过程中应把人才队伍建设放在首位,把更新人的传统观念、知识结构和提高人的综合素质贯穿信息化建设的始终,在信息化建设的过程中,通过对先进技术的不断学习和实践,不断提高自身的业务能力,提高自身的现代化管理水平。

人才建设是档案队伍建设的重要内容,档案人才队伍建设的关键是要建设复合型、高素质的管理人才队伍。所谓复合型人才是指打破过去档案队伍的结构模式,在队伍构成上要进一步加强学科专业的交叉互补,不能仅局限于历史档案的学科人才,要培养管理型、技术型的综合人才;另外在技术的更新和技能方面,要加强计算机知识、数字化知识、网络技术知识以及现代管理知识的学习和培训,档案管理人员应了解和掌握信息管理知识和信息应用知识,了解档案管理与信息技术的结合,业务学习和培训将被赋予新的内涵。复合型人才还要具备能适应信息化的挑战,能够应用信息技术,具有驾驭信息资源的整体素质。把更新观念、把握时代全局、明确历史责任作为档案工作团队的基本理念,把更新手段、积累信息资源、广泛开发利用作为档案工作团队的基本工作,立足现实,勇于开拓创新,努力培养抓住时代机遇、迎接挑战的新型人才队伍。

五、档案信息资源建设走向整合、集成与共享

我国的档案信息化建设尽管取得了一定的成效,但政府各部门在运用的过程

中仍然存在着许多问题，比如“重概念轻实效，重电子轻政务，重新建轻整合”的现象。各部门在公共资源的整合利用方面受到体制等因素的限制，难以发挥办公自动化系统的最佳功效，制约了公共服务水平的提高，全国大部分地区政府部门的电子政务建设，基本上处于信息发布系统平台建设阶段，有不少地区仍然缺乏完备的软硬件基础设施。孤立封闭的系统框架结构，导致信息资源不能共享，数据格式不统一，数据在不同的系统中重复存在，也使本该协同完整的业务过程被人为地分割和打碎，造成这一问题的关键是缺乏统一的政务平台和有效的系统整合。

随着电子政务系统的不断实施，系统的设计将更注重体现以人为本的设计理念，适应政务管理向服务型的转变。这就需要最大限度地整合信息资源，实现跨地区、跨部门、可变流程的协同政务。协同政务通过应用、部门流程以及信息的协同互动与共享，最大限度的发挥电子政务的优势，以此来解决信息化过程中出现的信息“孤岛”问题，提高电子政务的应用水平。同时要通过实践，建立综合的档案资源数据库、网上联合办公，实现系统资源之间的全面共享。

协同政务是一种提供服务的全新方式，协同政务不仅仅是一套把同样的事情做得更好的工具，更是一套做不同事情和更好事情的工具。协同政务强调以政府工作人员的协作为核心，强化政府资源的共享、政府工作流程的优化及政府信息化系统应用集成，是当前电子政务应用的最高阶段。在实现信息资源共享方面，档案信息化和信息资源建设将起到关键性的作用。

在档案信息化建设与发展的过程中，必须把档案信息资源建设作为核心内容来抓，对于信息资源建设，无论是在实现的手段方面，还是信息资源的有效积累和广泛应用上，都必须以整合、集成、共享作为出发点和落脚点，确保档案信息化建设的持续、健康和有效发展。

六、数字档案馆的发展

电子商务和电子政务的快速发展，加速了数字档案馆的产生。通过档案馆的数字化和档案信息建设，档案馆将成为档案资源的数字信息中心，成为档案管理的职能控制中心，成为国家信息化和数字化的重要组成部分。

(一)档案信息化的应用平台建设

建设数字档案馆首先要建立一个满足档案信息化功能需求,适应发展需要的综合管理系统平台和网络架构,中心系统能够支持多个子系统,能够保证网络控制、信息备份和迁移、授权访问以及资源共享等安全有效、广泛应用信息技术、为档案馆的信息化建设提供现实的现代化手段。在此条件下开展数字档案资源的积累和管理、数字档案信息的管理与开发、档案馆智能化控制等工作。

(二)馆藏数字信息的共享与开发

信息共享就是要建立数字档案的目录检索、全文检索、自动分类、授权访问系统,通过局域网、办公网和因特网提供档案利用服务,建立状态网络对信息访问实时监控。同时,对原始档案信息进行分类开发和知识化管理,可以建立基于档案基础数据的辅助决策支持系统,只有把档案信息知识化才能够实现档案信息利用的社会化,更广泛地发挥档案的潜在价值,在更大的层面上创造社会经济效益。

(三)数字档案资源的建设

数字档案资源的建设包括:在网络办公的条件下电子文档的全过程管理和归档、保存、备份、迁移等,同时收集档案部门业务运行的所有系统数据,积累电子档案信息;利用电子扫描技术对馆藏的纸质档案、声响档案、实物档案等进行数字化处理,形成系列数据库;整合需要的行业上下以及区域间横向和纵向的资源信息;对所有数字档案信息以及对象管理的思维模式进行管理和连接,以此来建立数字档案信息库。

第二节　高校档案信息化的规划实施

国家对档案信息化的建设工作十分重视,国家档案局制定出了《全国档案信息化建设实施纲要》,其明确指出全国档案信息化建设的目标和主要任务是:统筹规划、统一标准、分级建设,按照安全保密的原则,加快档案信息化基础设施建设,健全电子文件的归档和电子档案的规范化管理,推动馆藏档案数字化的建设,在部分城市建设示范性的数字档案馆，开展公众网信息查询服务，加快推进档案信息化的标准体系、安全保障体系和人才队伍建设。各省、自治区、直辖市档案部门要努力建设并投入使用一批局域网，基本实现档案管理现代化和办公自动化；依托当地电子政务建设工程，建立为各级党政机关服务的档案目录信息中心，为逐步构建中国档案数据库创造条件；依托公众信息网，建设面向社会、服务公众的档案网站，逐步构建全国档案信息网。

国家档案局毛福民局长在全国档案局馆长会议上强调：档案信息化建设是档案部门的一项基础性业务工作，是档案工作向现代化迈进的必由之路，是档案工作实现历史与未来有机连接的战略之举。毋庸置疑，未来几年，档案信息化建设的步伐将逐步加快，而要使信息化应用更深入、更普及、更有效，还需要从全国档案事业的高度制定切合档案事业发展的实施战略。

一、高度重视档案信息化的战略作用

档案信息化建设的组织管理者，特别是决策者，必须对档案信息化的战略作用有充分的认识。这里说的决策者不仅指档案部门自身的决策者，还包括政府高层的决策者。只有政府高层和档案部门自身的决策者对档案信息化建设的战略作用有了足够的、充分的认识，才会真正重视这项工作，才能保证档案信息化建设的各项工作顺利地开展。

其实档案信息化与社会发展密切相关，它不是可有可无，而是势在必行。因此档案管理部门必须认清档案信息化的战略意义，对信息化的重要性引起足够的重视，把它作为一项大事来抓，档案信息化不仅对档案管理自身有举足轻重的意义，而且对整个社会的发展都具有长远的战略意义。

档案信息化是社会信息化、政府信息化的一个重要组成部分，它具有记录和保存单位、行业、社会、民族、国家的历史，并为将来的工作查考和研究提供依据的重要作用。档案事业是否随着社会同步信息化，对于社会、国家、民族乃至整个社会都具有深远的战略影响。在当今的信息时代，全社会都在推进信息化的形势下，档案作为社会的重要资源更不能忽视。正如档案学家埃思指出：“档案是一个国家的共同记忆,是集体经验的体现,是同一文化传统下不同文化环境的不同表现;一个没有档案的国家必然是一个没有记忆的国家,一个没有智慧、没有身份的国家,一个患有记忆缺失的国家。”在瑞士召开的世界信息社会峰会上,国际档案理事会呼吁:“我们现在在各种媒体上创造的信息构成了将来的档案,面向未来,信息社会需要记忆。”在人类几千年的发展和进步过程中,人类记录信息的方式和载体不断地发生变化。人类文明记忆的历史断层不少是由于不注意档案信息的保护造成的。如果现在不重视档案信息化建设,很可能许多信息将在纸质档案与电子档案的交替中丢失。若干年后再要寻找已经失去的档案记忆就不太可能。因此,我们应该高度认识档案信息化的重要意义,把它当成决定国家和民族记忆能否在信息时代不断得到延续的大事来抓。

另外档案工作者也应认识到档案管理信息化对于其自身的发展具有不可忽视的重要作用。现在档案信息化建设正处于良好的战略发展阶段,因此档案部门应抓住时机实施档案信息化建设;如果现在失去了发展的良好机遇,那么若干年后当社会整体进入信息时代时想要跟上时代发展就为时已晚。因此档案管理者应充分认识到信息化建设是一个不可逆转的时代潮流,是档案管理由封闭走向开放、由传统走向现代的大好机遇,要及时把握时机,迎接挑战,在社会整体的信息建设中占有一席之地。因此档案管理应该适应信息化建设的需要,融入社会信息发展的潮流,加快信息化的建设步伐,为社会进步和发展做出积极的贡献。

二、档案信息化的实施战略

(一)人才和资金发展战略

档案信息化是一项涉及计算机技术、网络技术等高技术的系统工程,需要一支适应信息化建设需要的技术人才队伍作保障,特别需要信息化管理、软件开发、系统维护等方面的人才。实际情况是档案部门比较缺乏信息技术人才,很多单位有资金有设备就是缺少技术方面的专业人才,特别是一些既懂技术又懂管理的复合型人才就更加缺乏,这已成为影响档案信息化建设发展的“瓶颈”。因此要注重加强人才队伍建设。解决人才问题需要采取引进人才或市场化运作等措施,还要注重不断地进行人员培训。可以实行档案管理人员的培训制度,把与档案信息化建设相关的计算机应用基础知识、数字化技术知识、网络技术知识、现代管理技术知识等列入培训内容;并加强对档案业务人员应用新技术、新设备、新方法的培训,普及信息基础知识,以此达到档案技术人员掌握运用现代技术的目的。

我们还要考虑到,在档案信息化建设中,档案人员对信息化建设技术是外行,而信息技术人员又不懂得档案业务,为此在进行培训的过程中,一定要把档案管理人员和技术人员结合起来进行培训,不仅要求技术人员为档案管理人员服务,而且还要求档案管理人员适应现代化的管理方式,只有这样才能培养出既有技术又会管理的复合型人才。

只有技术就想搞好信息化建设远远不够。因为信息化建设是需要高投入的技术工程,特别是资金的投入。目前在信息化建设过程中经费主要投入在三个方面,即网络建设,计算机设备的配置,档案信息数据库建设。例如在某高校档案馆的信息化建设中依托政府公务网的建设,实现高校局域网和公务网的连接,这笔巨大的经费由政府承担。在局域网和计算机的配备上已投入几十万元,但计算机设备的正常维修、设备的更新换代也是一笔不小的开支。另外在数据库的建设中,一些大容量的先进服务器的配置、数据库的管理系统等也是一笔不小的投入。因此档案信息化建设需要相当大的一笔资金。在档案信息化建设的过程中,我们必须保证经费的投入,特别是档案主管部门应加强宣传的力度,使人们真正认识信息化建设的内涵。

(二)滚动发展战略

信息化建设是一个循序渐进、逐步发展、渐进完善的发展过程,不可能一步到位,因此我们必须根据信息化的实际发展状况确定滚动的发展战略。

(1)信息技术的不断发展,必然使档案应用系统的功能不断完善和进一步发展,不是一味地追求设备的不断更新,而是要不断地接受新的管理理念和观念更新的应用技术。

(2)数字档案的积累是一个没有终点的发展过程,也是档案信息化建设的核心内容,信息积累得越多,所拥有的档案资源才越丰富,给社会提供的服务面才会更宽,对公众的吸引力才会越大,档案才具有更大的发展潜力,档案工作的地位和作用才会得到更充分的体现。因此,无论是文档一体化、馆藏数字化,还是信息资源的整合都将是一个滚动的发展过程。

(3)对数字档案资源的共享和开发利用来说,从目录检索、全文检索到社会化开发、知识化管理、辅助决策支持,从单份的档案资源信息到基于对象管理的信息链接加工,从局域网共享到与整个社会共享,都是一个循序渐进的发展过程。

(4)在自动化办公、信息化管理的基础上,还将实现数字档案馆和智能化控制的目标。

(三)产业化发展的战略

档案是社会发展的真实记录,是最原始的历史凭证,因此它是社会经济和社会发展的宝贵资源,它不仅记载着文化遗产,也在形成新的社会文化,已经成为社会生产力的重要组成部分,是综合国力最直观、最具体、最真实的反映。面对文化产业的浪潮,我们不能再把文化看成是在思想观念、风俗习惯、增强民族凝聚力等方面起作用的力量,而要把它当作一种像科学技术一样能产生巨大经济效益和社会效益的宝贵资源。

在信息社会快速发展的今天,信息资源对经济增长的作用也日益突出。档案作为社会的原生信息源,如何进行社会开放、开发利用是时代赋予档案事业发展的历史性机遇和档案工作探讨新思路的责任,走档案信息产业化道路是符合时代需要的发展战略,它不仅为档案事业的发展注入了新的活力,增强造血机能,创造新的运行机制,也对信息化社会经济的增长提供了强大的动力。

随着我国综合国力的不断增强,人民生活水平不断提高,市场对文化产业和信息服务的需求必将会呈现出加速上涨的趋势。档案信息产业化会不断地促进档案信息化的建设。档案信息产业化不仅可以解决档案工作投入不足的问题,还可以从侧面提升档案的价值,从而有利于推动档案信息知识化、社会化的实现。

档案信息化产业的途径可以不断地创新,在起步阶段可以对公开上网的社会化信息利用收费系统,实行信息利用收费;也可以按照国家、地方的产业文化需要,吸引社会资金和人力资源开发档案信息,共享知识产权和经济利益;还可以开展灵活多样的档案展览；也可以对社会、企业实现档案开放，开创新型的档案信息服务；更重要的是要加强国际交流与合作，也可以把现有的档案制成光盘对外出售，这样在创造社会效益的同时也获得了经济效益。

总之，档案信息产业化的方式还很多，我们可以在档案信息化的进程中不断地研究和探索，坚信只要我们勇于实践，敢于创新，就一定能够探索出一条档案信息化产业的新路子，积极推动我国档案事业的发展。

(四)需求驱动战略

需求驱动是档案信息化建设应遵循的重要原则，也是实施信息化战略的重要内容之一。档案信息化建设的范畴十分宽泛，它是档案管理理论的发展，是档案管理手段的变革，是信息社会的需要，并不是一个阶段性的工作。因此，开展档案信息化建设必须从电子档案的形成和管理、急需共享利用的档案信息出发确定建设内容，需求驱动才能成为现实、才能获得相应的发展条件。例如在自动化网络办公环境下，文档一体化会变得急需；有了先进的应用网络，人们对信息的网络服务会变得比较急需；在实现档案目录使用计算机和网络检索的条件下，人们会提出全文检索的需求。为了保护珍贵的历史档案及其信息，也会想到将其数字化。政府职能的转变对管理工作提出了科学化、规范化和高效率的要求，档案信息辅助决策功能的发挥将提到议事日程。不同的档案管理部门只能根据现实的需要确定阶段性的建设目标，逐步展开建设，逐步完善系统。

(五)专业化的服务战略

档案信息化是国家信息化建设战略的重要组成部分，因此信息化建设程度的高低直接影响着国家信息化战略的落实是否到位，也关系着我国信息化建设的发展进程的快慢，为此我们必须做好档案信息化建设的基础工作。档案信息化建设是一个系统的复杂的工程，它的发展需要社会多方的努力和支持，单靠档案部门的自身力量很难实现自身的战略目标，也很难达到自身的效果，必须依靠联合专业的IT服务公司，从咨询、规划、设计、研发、实施培训等系统建设的外包模式，到服务器、数据的专业化管理和技术维护，计算机网络设备和应用软件的售后服务，以及更新升级等都必须依托社会化的信息技术服务,才能获得更大的发展空间,才能及时解决信息化建设和信息开发过程中面临的各种问题,才能有效探索和推动档案信息产业化的市场途径,才能推动档案信息化建设的全面发展。

(六)应用推广战略

在信息化建设的过程中,资金的专项投入、设备的专门购置是不可缺少的建设资源。没有信息化的基础设施建设就不可能开展信息化工作,另一方面全国绝大多数档案部门管理机构都已经不同程度地购置了信息化建设的基础设施,甚至也开展了一定规模的管理信息系统和信息资源建设。然而,只建设不使用,或使用得非常浅显是当前信息化建设的一大难题,当前首要的工作是应用推广,普及和推广要在深层次上下功夫,在项目的规划中着重强调应用普及问题,将它们纳入计划建设和培训工作中。必须在更新管理观念、改变管理手段、加强培训引导、建立健全制度方面下功夫,重点发挥领导和重要业务职能部门的关键作用。应用普及工作做得好坏关系到档案信息化建设的发展是否具有生命力,关系到国家信息化战略基础性信息资源建设的成败。

三、档案信息化的战略原则

在档案信息化的建设中,容易产生重技术轻管理的倾向。实际上在档案信息化的建设中,实行管埋的规范化、科学化是基础,管理到位是档案信息化持续建设与发展的重要保证。在档案信息化的建设中要实施总体规划、分步实施、需求驱动、重点突出的原则,并在资金投入和人才队伍建设上为档案信息化建设提供必要的保障。

(一)总体规划的原则

信息化建设是一个系统的工程,它具有涉及面广、历时较长的特点,它涉及社会的每一个单位,因此社会的每一个组织单位都必须根据国家的信息化战略与目标来制定自身的信息化战略与规划,因此国家的总体规划必须纳入每一个组织单位的信息规划之中。

档案信息化的关键在于加强规划管理。对于这样一个工程，必须有全局性的长远的总体规划。但目前来说这个问题还没有引起档案界的足够重视，无论在全局性、区域性或微观管理上都缺乏科学、到位的规划，到已经形成"战国纷争"的局面时，再出台规划为时已晚，此时要扭转混乱的局面必将遇到很大的阻力。

对档案信息化建设来说，长远规划是一个纲领性的文件，其中应该以科学的发展观为指导，对档案信息化的需求、定位、战略目标、组织方式、管理方式等加以确定。制定档案信息化规划应该与国家、地区、行业的信息化整体规划相衔接。对于那些资金和技术条件并不雄厚的单位，总体上纳入信息化规划才能取得好的效果，我国信息化建设取得较好成绩的档案馆都是如此。例如青岛市档案馆的建设得到了当地市委、市政府的高度重视，该项目被列入青岛市国民经济和社会发展的第十个五年计划；上海市档案馆的信息化建设被列入长宁区政务网建设的总体规划中，与政府信息化工作同步发展，使之成为电子政务的重要组成部分。这些成功的经验证明档案信息化建设与社会接轨的重要性。

制定信息化的长远规划应该首先明确需要，认真论证。特别是主抓信息化建设的领导要非常清楚信息化的需求，这样才有利于信息化建设的总体规划与设计。在软件的开发前，应在研究档案业务的基础上提出总体设想。要从档案工作者的使命和战略目标出发，明确档案业务及管理变革的策略，详细分析档案业务的关键性指标，从中抽取档案信息化的需求，建立总体框架。对于单个软件的开发来说，成败的关键在于系统设计之前对需求论证的是否清晰，对于长期的宏大工程来说更需要明确需求。

其次，制定档案信息化的规划应该因地制宜，准确定位。给本单位的档案信息化建设制定长远的规划，首先要从本单位的实际出发，综合考虑馆藏的数量、资金、技术等条件是否成熟，以及当地信息化整体的发展状况等各种条件。不是所有的档案馆都能建成虚拟档案馆或数字档案馆，应根据自身的情况因地制宜地进行建设。

最后，制定规划要明确目标，科学分解目标。作为信息化建设的总体规划，不仅应该提出总体目标，还应该确定实施战略，科学地分解目标，确定在时间和空间上分步实施的大体阶段和阶段性目标，并在以后的软件设计中加以体现。以深圳市数字档案馆的建设为例，它的建设分三期实施：一期以制定各类标准、基础设施建设、应用系统开发为主，发布部分档案信息；二期以扩充档案信息源，对馆藏档案进行数字化处理为主，修正并改进一期成果；三期主要是在总结与改进前期成果的基础上，制定数字档案馆管理流程，增加档案信息量，进一步扩充档案信息源，接收立档单位形成的数字档案，建立电子文件中心管理系统，实现对现行电子文件的管理。

（二）分步实施的原则

档案信息化建设是一个长期而复杂的系统工程，一方面它需要依存于国家和单位信息化战略的实施，并作为其重要的组成部分；另一方面，档案信息化总体规划是立足现实，着眼未来，而不是一蹴而就的事业。因此档案信息化必须采取分步实施的原则。

档案信息化作为一项系统工程，其实施也将按照工程建设模式来进行，每一项工程其各项建设内容有着内在的逻辑关系，这也是分步实施原则的又一个重要依据。

1. 在国家信息化政策的指导下，根据档案信息化总体规划制定具体的分期实施方案

在制定实施方案时要有全局的发展眼光，实施方案既要充分考虑国家信息化战略实施进程、档案管理的实际情况和发展的实际需要，又要充分考虑经费的实际投入、技术支持能力、人力资源状况以及工作环境等因素。在综合考虑这些因素的基础上，制定出切合实际需要的具体的工作计划、项目组织和控制措施。

2. 制定新的管理制度和规范化的业务标准

传统的档案管理制度已经不能适应档案信息化的需要，信息化对业务标准也提出了更高的要求。电子文件的归档制度、逻辑归档的操作规范、安全管理体系等制度都需要全面制定。业务标准是信息化建设、信息技术应用的重要基础和准则，它包括技术体系、工作体系、组织体系和工作规范等方面，一般根据国家、行业和地

方的标准规范并结合本单位的发展需要来制定目录的查询和全文检索、多媒体信息支撑、安全管理和数据备份等制度。

3. 加强档案数据资源的建设

将现行的电子文件通过逻辑归档方式收集和处理;将现成的纸质文件通过扫描中心电子化;将传统馆藏档案进行全文数字化处理。按照档案分类的原则建立数据库或数据仓库,为档案信息的共享和开发积累资源。同时最大限度地进行各管理和业务部门所有现行档案系统数据的集成,进行软件和各专业管理系统的整合,建立起有效的数据集成系统。

4. 构建信息系统的运行平台

信息系统平台包括信息处理平台和信息交换平台两部分。档案管理系统应充分考虑到档案信息的特殊性和绝对安全性的需要,要做到与内部自动化办公网络相连接并采取授权管理,同时要与公共网络实施最有效的网络安全隔离设计方案。一般来说,档案信息扫描和处理、档案信息交换、档案数据存储和备份,只能在内部办公网和档案局域网中运行,相应的档案信息处理和存储设备也必须是专用的。只有可以向社会公开的档案信息才能提取并通过与公众网络的连接实现社会共享。系统软件的选择必须充分满足档案信息管理和档案系统的需要,如电子文件的逻辑归档、数据库的建立、档案信息目录的查询和全文检索、多媒体信息支撑、安全管理和数据备份等。

5. 加强人才队伍建设和管理培训

档案信息化对档案管理人员来说是新事物,为了确保技术应用和档案信息的知识化、社会化开发,必须打破传统的档案管理队伍模式,要更加注重人才复合型素质的要求,更加着重队伍的多学科知识结构和梯队结构的合理性建设。同时档案信息化是档案管理现代化的必然,档案管理的专业化不能削弱,因此面对档案信息化的挑战,必须加强专业队伍信息化知识和技能的培训,更新知识结构,增强信息技术应用能力。

6. 开放档案共享信息和辅助决策支持系统

档案信息化的根本目的一方面是深入、广泛地开发利用档案资源,实现档案的资源共享,最大限度地提高档案的利用价值,为社会提供更多的信息资源,把开放的档案资源知识化、社会化;另一方面是有效提升档案管理的基础性作用和地位,充分发挥档案信息在管理活动中的辅助决策作用,积极为现实工作服务。因此档案信息化的核心工作是档案信息共享系统的建立和开放,辅助决策管理系统的开发和应用,档案信息知识化的编演和开发,档案信息的共享必须高度重视保密鉴定和授权管理,辅助决策管理系统必须注重科学体系的建立、数学模型的构架和确保信息的及时维护。此外分步实施必须实行分阶段的综合建设策略,把硬件、软件、人力资源等同步建设,做好电子文档收集、馆藏数字化的基础数据准备工作,逐步实现系统资源共享、档案信息开发利用和知识化管理目标。

(三)重点建设的原则

档案信息化建设内容的广泛性和时间的长期性都决定了它必须采取重点建设的原则。作为一个长期的系统的发展工程,无论是信息系统平台的搭建、信息化设备的购置,还是档案资源的数据积累和集成、档案信息的开发和利用都不能够一次完成,只能根据现实的需要确定重点,进行分阶段的重点建设,特别是在如何深入、广泛地开发和利用档案信息资源方面,更应该突出重点建设的原则。

(四)需求驱动的原则

社会信息化是时代发展的大趋势,但不同的单位有着行业发展需求和自身的发展条件,因此每个单位信息化战略的制订和实施必须遵循需求驱动的原则,必须充分考虑到现实的需要,依据现实的条件和需求来制定规划,拟定实施方案。同时要处理好现实需要与未来发展、建设能力与拓展空间、人力资源与现实信息技术水平之间的关系,遵循科学的发展观,实现可持续发展。

第三节　高校档案信息化的规划

一、档案信息化的规划宗旨

适应国家信息化建设和档案事业发展的要求,把档案信息化纳入国家信息化建设的总格局,以档案网络建设为基础,以档案信息资源建设为核心,以扩大档案信息资源的利用为目标,加快推进档案资源数字化、信息管理标准化、信息服务网络化的进程,促进档案事业持续健康发展,为改革开放和现代化建设服务。

科学的理论是在总结分析实际工作需要的基础上产生出来的,同样在档案信息化建设过程中也需要科学的理论作指导,这也是档案信息化建设过程中应遵守的基本准则,它产生于档案建设过程的实践,也必将为社会实践起到理论性的指导作用。

(一)转变管理理念,勇于开拓创新

在信息社会发展的今天,档案作为最原始的历史资料,它的作用和价值也越来越被人们重视,它的应用范围也在不断地扩大:档案管理作为社会的基础性工作应该在管理方式上进行划时代的变革;档案工作者作为掌握和管理这一重要而特殊的社会资源的主体必须确定正确的指导思想,更新管理理念,彻底解放思想,紧抓时代机遇,勇于开拓进取,积极采取多种措施开展创造性的服务。

1. 必须把档案信息化建设工作纳入国家信息化建设的战略中来

必须把档案信息化建设工作纳入国家信息化建设的战略中来,加大档案信息化建设宣传的力度,争取领导的支持,追加投入资金,使每个人都从根本上认识到档案信息化建设的重要性,认识到信息化将提升我国现代化的内涵,加速现代化的进程,将大大推动科技创新和知识经济的发展,快速增强国际竞争力,从而积极的推动我国的信息化建设。

2. 要根据我国的实际情况,走有中国特色的档案信息化建设之路

和世界发达国家相比,我国的信息化建设起步较晚、发展较快,但由于中国地

大物博的特点，各地经济的发展不平衡，这就决定了中国的信息化建设不能在同一层次上来建设与发展；各行业对信息化建设需求程度的不同，决定了应采取不同的建设模式。

3. 加强对档案管理人员的技术培训

进一步研究在档案管理和档案资源的开发利用方面如何应用计算机网络技术，用现代化的管理理念驾驭现代化管理技术，用信息技术提升现代管理水平，努力开展信息化的建设工作，以此来落实信息化的发展战略。

4. 要树立解放思想，勇于开拓创新的精神

因众多的行业对信息的需求千差万别，信息技术的发展没有适合发展的现成模式和方案，只有把信息技术的基本原理和现实的实际需要有机地结合起来，才能找到适合自己发展的新路子。

(二)以法律为准绳加强管理制度建设

档案信息化建设是一场划时代的革命，但它只是在管理理念上的改变，即应用现代技术来推动档案管理工作。档案信息化是在管理手段上的改变，它并没有改变档案形成的规律，更不改变档案的本质属性和原始凭证作用。因此档案信息化必须坚持以法律为准绳，严格按照《中华人民共和国档案法》和相关的法律法规，制定严格的档案管理制度，实行以法治档。依法开展档案信息化建设工作包括两方面的内容：一是必须应用信息技术保证数字档案和数字档案信息的完整性、真实性、有效性，解决好信息技术处理信息的强大功能与数字档案本身不可修改的关系，确保数字档案信息本身真实可信；二是在国家数字档案的凭证作用在各项法律没有制定和颁布前，在开展档案信息化建设的同时，还必须依法对纸质档案进行搜集、整理和保管，就是做到同一电子文件的收集、归档与纸质文件的收集、归档同时进行，对同一文件不能用相同的内容的电子数据取代其纸质文件物理形态的收集与归档。

加强档案信息化管理制度的建设是信息化建设内容的又一重要方面，针对档案的数字化进行档案标准的制定，不仅是信息化建设本身的需要，也为数字档案本

身的凭证作用和合法化打下了坚实的基础。信息化标准的规范有不同的标准体系,它包括国际标准规范、国家标准规范、地方标准规范和行业标准规范等等。每一个单位必须根据自己的实际情况,制定适合自己的不同的体系标准,做到网络平台的搭建、信息处理和数据库建设、信息共享和安全管理符合标准规范。另外,标准体系的编制必须与档案信息化的启动同时进行,将其纳入总体工作规划中,只有这样才能真正发挥法律制度的保驾护航作用。

(三)实行纵向跟踪、横向整合的战略原则

所谓纵向跟踪就是将档案信息化建设纳入国家信息化战略的全局之中。社会组织要把信息化纳入自身的信息化建设中来统一规划、统一管理,学校单位要把档案信息化纳入学校的电子校务中,各类企业要把信息化建设纳入电子政务之中,各级国家机关要把档案信息化纳入电子政务中;并且在各个法人组织内部必须将档案信息化建设工作发展到每个部门,真正把档案管理人员从传统的手工工作状态中解放出来,变传统的手工工作网络为现代化的工作网络,有效整合自身的档案信息资源,建立现代化的信息管理机构。

横向整合就是对与本单位有关的所有已开放的档案资源信息进行整合。首先在同类机构、同行业之间、各区域之间进行资源的整合与共享,初步形成区域性资源共享系统;然后再对所有的档案信息资源进行分类整合,为信息社会建立强大的资源保障平台,为档案资源的深入开发利用,为档案信息的知识化、社会化提供条件,使档案信息化在国家信息化建设中发挥基础性资源的应有作用。

(四)加强人才队伍建设

档案信息化是社会信息化的重要组成部分,是社会信息化的必然产物,因此各个单位档案信息化的总体规划和实施的步骤都不可能是同一的,其建设的内容和目标只能是以业务需要为驱动力。业务需要包括电子商务需求、电子政务需求、基础管理需求、社会服务需求;自动化办公需求、辅助决策需求、自动化控制需求以及信息共享与知识需求等。一方面通过需求为档案信息化定位,另一方面通过信息化为各项业务需求提供支撑平台。

档案信息化是一项技术性很强的工作,它对于资源的开发和人才队伍的建设都有很高的技术要求,因此在实际工作中必须以更新管理理念为先导,以技术保证为手段。首先,要充分了解本单位信息化的基本状况,加强计算机的网络知识培训,充分掌握计算机技术、网络信息技术以及软硬件的应用知识,把档案管理理论方法与信息技术手段结合起来,用现代化的管理理念驾驭技术手段,用现代技术推动管理目标的实现,立足信息化的业务需求努力探索信息化的建设模式,形成新的管理思想体系、理论体系。其次,是对档案信息处理的专业技术人员进行档案工作的法律法规、档案管理方法的业务和知识培训,避免把计算机网络技术和现代化的管理设备的配置当作目的,从而忽视对档案管理和开发利用的目的。最后,必须认识到信息技术的发展规律,充分认识到档案信息技术的发展完善、信息技术体系的健全都不可能依靠自身的技术力量,都必须依靠社会化信息技术人力资源来支撑,只有充分利用信息技术来维护资源,才能保证信息化始终应用最新的信息技术、信息软件,也才能保证档案信息化建设不落伍,不被时代所淘汰。

二、档案信息化规划的业务需求

信息化是当代社会发展过程中出现的新生事物,因此现代档案工作面临的困难很多,总体概括起来主要有以下四部分:一是文件的整理、接收和保管,并确定电子文件的真实、完整和有效;二是馆藏档案资源的开发与利用,并提供网络化的服务利用;三是传统介质档案与电子档案将在较长的时间内共存,如何实现统一管理,提高工作效率;四是有些历史档案介质已经无法利用传统保护技术实现永久保存,对这些档案和所反映的信息必须利用现代化手段加以保存。

(一)电子文件归档的业务需求

随着计算机应用的普及推广,人们利用计算机创建处理文件成为必然趋势,大量电子文件的归档成为现实需求,国家档案局 6 号令已经明确要求电子文件进行归档;《电子签名法》规定了电子签名的法律效力;国家还将制定相应的法律明确电子文件的凭证和法律作用,电子文件将成为新的"历史的真实记忆",电子文件的归档成为档案管理和档案工作者新的工作内容、新的工作任务。

(二)档案信息资源开发利用的需求

保存档案的最终目的是应用,信息社会档案信息的重要性更加突出,档案信息是信息社会的核心资源,档案信息广泛、深入开发利用将对信息社会的发展起着不可替代的作用,信息资源将改变产业结构和经济增长方式。应用计算机网络技术管理档案信息能够实现开发、共享档案信息和对档案信息进行知识化管理、社会化开放,才能更充分实现档案的价值。

(三)馆藏档案数字化的业务需要

传统档案馆所保存的档案以纸质为主,是实物,它的唯一性保证了档案的凭证作用,但由于不同时代形成的不同档案载体质量也大不相同,保管的条件大不相同,加上保存技术的局限,特别是随着时间的推移和利用次数的增多,势必对馆藏档案造成损失,也必将对馆藏档案的利用产生局限。馆藏档案的数字化处理可以很好地解决有效保护实物档案与更充分地利用档案信息的问题。同时对于那些在档案机构馆藏且无法应用传统保护技术实现永久保存的实物档案、介质档案以及散存在民间损坏严重的历史档案,也只能利用信息技术进行处理,以此来实现对信息内容的完整性保存。

(四)现代化管理的需求

实现档案工作的现代化,可以提高档案的利用率,可以更充分地利用档案,推动档案事业的健康发展。实现档案工作的现代化管理是因为:

1. 社会发展的迫切需要

在信息化社会快速发展的今天,知识和信息越来越成为比实物资产和传统能源更为重要的资源,对生产力的发展、社会的进步所发挥的作用越来越大。为此社会要求专门的信息部门能以较高的存储、处理和控制信息的能力,为社会提供高质量的信息服务。档案部门作为掌握信息资源的重要机构,必须采用多种先进技术实现档案工作的现代化。

2. 档案工作发展的需要

随着科学技术的不断发展和档案工作的不断深化,档案工作也发生了日新月异的变化,一是档案数量急剧增加;二是新型信息介质和记录方式的档案不断出现。同时随着时间的推移,档案的数量也在迅速增加,由于人为、自然的因素及保管条件欠缺不当,档案损坏程度日益加剧。因此档案工作现代化成为历史的必然要求。

3. 社会经济的发展需要

随着社会的发展,档案资源在各个领域的特殊作用越来越明显,档案资源已成为社会进一步发展的重要基础性资源。它能够高速、及时、准确、全面地向档案利用者提供经济建设发展的重要信息,档案资源作为社会的重要资源,是社会进一步发展的重要基础性资源,在当今社会,人们对获取信息资源的基本要求是迅速、准确。计算机网络等现代化技术在档案工作中的应用,将会大大提高档案部门处理信息的能力,从而能够高速、及时、全面、准确地向社会提供信息服务。

4. 档案事业发展的需要

随着社会的发展,档案工作的科学文化性质越来越突出。社会服务工作的效果对于档案工作的存在和发展也产生着越来越深刻的影响。如果档案事业长期处于落后状态,不能卓有成效地为社会服务,档案在未来事业的竞争中将处于不利的地位。更为重要的是信息资源的开发将因此受到不良的影响。所以只有以现代化的管理方式和管理手段来提高档案馆的效率和质量,档案事业在发展中才能获得应有的地位,发挥应有的作用。

第四节　高校档案信息化建设管理规划的任务

档案信息化建设的主要任务,是档案部门努力适应信息化的发展趋势,在国家和档案行政主管部门的统一规划和领导下,通过应用现代化的计算机技术,深入开发和广泛利用档案信息资源,加快我国档案信息化建设的速度。档案信息化规划的任务总体上包括以下几个方面,即目标任务的规划、组织管理及内容的规划、资源的规划、安全规划。

一、目标任务的规划

档案信息化建设的范围应包括与档案有关的所有管理机构和领域。任何档案管理机构在搜集、整理、积累等管理过程中,都应围绕档案信息化建设的总体目标,根据本单位档案的搜集、保管以及使用情况制定信息化建设的总体目标和阶段性目标。

档案信息化的目标是以现代化的信息技术为手段,实现对档案管理和提供的现代化,不能把手段当目标,只重视网络的建设和设备的更新,现代化信息技术的应用也不是把过去的手工操作变成计算机管理那么简单。档案搜集、整理的目的在于开发和利用,如果存档的目的不是为了利用也就失去了存档的价值。因此档案信息化总体目标的制定必须围绕信息资源的搜集、整理、开发和利用的整体思路来开展。

在规划的过程中对近期规划和长远规划必须制定出不同的规划措施。对于近期的规划,首先必须对现有的档案资源进行标准化、规范化的处理,比如一些档案的来源、主题词、目录等;其次是对电子文件的创建和构成进行规范,制定出规范的归档标准,为计算机的可识别管理打下基础;再就是确定数字档案禁止写操作处理的存储格式,在此基础上通过馆藏数字化和文档一体化积累档案信息资源,实现内网与外网的有效共享。最后要考虑信息化的管理系统不能局限于只满足本单位对档案的充分应用,还要考虑到能满足开放档案信息利用的社会需求,通过利用网络化等途径充分利用档案资源。要实现档案信息利用的网络化就必须对上网档案制定严格的开放鉴定管理制度,对使用者实行授权的管理办法;要建立安全的网络控制管理系统,建立状态网络利用和跟踪记录的管理系统,并对此系统使用专门的服务器进行管理。

不仅如此,还要在如何提高档案的使用效率和现代化的管理水平上进行规划。对此必须做好三方面的工作。一是结合档案管理的基本规律和现代技术的特征和功能,用现代化的管理模式去取代传统的管理模式,比如对档案的随时完善、档案利用状态的随时监控等;二是如何对档案管理部门实行科学化的管理,比如对工作场所以及出入档案室的人员实施监控,确保档案信息的安全。三是按照信息化建设的需要,加强对技术人员的业务培训,在人力资源上为档案信息化建设提供技术保障。

对长远的目标规划,首先要加强不同业务部门网络运行系统和资源的全面整合,在同行业间加强横向和纵向的全面信息资源的整合,建立全方位的、能够满足本单位信息资源需求的资源数据库,成为本单位信息资源的集散地。同时为充分发挥现代信息技术优势,对档案信息进行技术处理,有效避免信息"孤岛"的问题。最后是在档案信息资源的利用上,加强档案信息资源深层次、知识化的开发,比如建立辅助决策管理系统,充分发挥档案管理的基础性特点,为科学决策提供可持续发展的参考信息;大力开展档案信息理论的研究工作,探索档案为社会提供更好服务的有效途径,使档案信息这一特殊宝贵的资源得到更好的利用,更好地造福社会,这才是档案工作的最终目标。

二、组织管理及内容的规划

档案信息化建设是一项涉及内容广、建设周期长的现代化管理和技术应用工程。在信息化的进程中,信息化的建设目标始终处于变化过程中。因此档案信息化建设必须要抓住重点,集中解决当前信息化的中心问题。目前档案信息化建设的主要问题是电子文件的管理、档案数字化建设、档案网站的建设等。为了适应信息技术的不断发展,必须建立有效的管理体系,设计近期和长远的建设规划,以便在科学规划的基础上确定建设的方案,并采取有力的措施组织实施。这个有效的组织体系就整个国家来说是要建立一个强有力的组织领导中心,充分利用现有的档案行政管理体系及其管理力量,领导信息化的建设工作。就具体的实施单位来说,一是要把档案管理机构纳入整个信息化的组织机构中,不能把信息化建设仅当成行政管理部门和信息技术部门的事,否则信息化建设只能停留在自动化办公和管理运行的层面上,那么信息化建设的重点就不能放在信息资源的建设上;二是要建立以档案管理机构为主体,以行政管理机构和信息技术部门协同支持的档案信息化建设指挥中心,正确定位档案信息化在社会信息化建设中的作用,正确处理好档案信息化与社会信息化的关系，有组织地开展档案信息化建设，高度认识有组织地建设信息化的重要性，把组织体系当作是信息化的前提条件来抓。

规划的具体内容

档案信息化建设是一个涵盖内涵丰富，涉及的外延较大的系统建设工程，它丰富的内涵包括了软硬件的建设内容，包括了不同的建设阶段，每个建设阶段都有不同的工作目标和任务，但每个阶段和环节都存在着内在的逻辑关系，因此按照周密的计划有步骤地实施各阶段的任务，是保证整个信息化工程顺利完成的关键。规划的具体内容主要包括以下几个方面：

1. 制定总体规划

根据国家信息化建设实施战略对档案信息化建设的具体要求，结合行业特点以及各单位的实际需要，制定切合本单位实际的总体规划、、建设目标和各阶段的具体任务，在此基础上确定网络建设方案、软硬件的配置计划，制定实施策略、评价的指标体系、预算资金的投入、人员的配置以及办公场所等具体要求。

2. 搭建网络化的信息平台

在国家网络化建设总体规划的指导下，进行档案管理局域网的设计，配置服务器和计算机以及数字化处理和数据备份设备，选择购买或委托开发档案管理软件，搭建档案管理系统和信息共享的网络平台。

3. 积累并整合档案信息资源

档案信息资源是档案信息化建设的核心内容，没有信息资源的积累，信息化建设就成了一句空话，因此每个单位必须有计划、有步骤地开展档案资源的积累工作。一般是通过文档一体化、馆藏数字化和业务管理系统信息的整合来积累数字档案，并对数字档案进行分类的整合，根据类别建立数据检索目录。

4. 建立规章制度

规章制度是档案信息化建设顺利进行的保障，每个单位都必须在国家政策法规的指导下，制定出切合本单位实际的规章制度，在国家相关的电子文件管理办法的指导下，制定符合行业和单位实际的电子文件标准和管理办法、网络信息安全制度、网络的维护制度以及规范的具体标准。

5. 挖掘档案潜质，提高经济效益

档案资源的特殊作用就在于它的可开发性、可利用性，我们应该充分发挥档案信息资源的知识化、社会化的特点，积极探索和勇于实践档案信息产业化的道路，为社会提供更多的再生资源，把档案自身的价值转化为经济效益。

三、资源的规划

实施档案信息化战略，是我国适应社会信息化建设需要的一项重要工程，同时也是弘扬民族文化、提高民族素质的历史性课题，是利用现代化的手段对当今社会改革、发展、建设过程的真实记录，它的存在和完善对于社会经济的发展起着积极的推动作用。档案资源的规划要积极围绕档案资源建设开展工作，主要包括以下几方面的内容：

（一）档案资源的收集工作

档案资源是档案工作的重要内容，档案资源的多少直接关系到档案工作开展的广度和深度，因此应加大力度加强对档案资源的收集工作，不漏掉任何有价值的档案资料，在质量上和数量上保证档案资源的完整性。

（二）加强档案目录数据库的建设工作

档案目录数据库建设是档案信息资源建设的重要组成部分，它关系着档案信息的检索内容、检索速度等，它处于档案信息资源的龙头地位，因此是信息化建设的重要内容。

（三）加强档案全文数据库和多媒体数据库的建设

档案数字库的建设应以现实需要为前提，分阶段、分步骤地实施，逐步实现档案全文数据库的查询，不断提高服务效率和服务质量，来满足利用者对档案的不同需求。

（四）加强电子文件的建设工作

各地档案馆应与当地建立电子政务的网络平台，充分发挥档案资源的管理优势,建立电子文件管理中心,方便、快捷、准确地接受电子文件和电子档案,并利用资源优势,积极开放可以上网的电子档案,为社会经济建设提供服务。

四、安全规划

安全规划是信息化建设的一项重要内容。档案信息安全除了考虑一般信息化的要素外,还必须考虑档案信息管理所要求的安全,因此按照安全原则指导档案信息化建设,不仅是信息化本身的特点所决定的,也是档案工作固有的特点所决定的。为此必须做到以下几点:

首先,维护系统的安全。档案信息化建立在计算机系统平台的环境中,计算机技术发展到今天,各种计算机病毒的产生具有很大的杀伤力,对任何计算机系统都能构成威胁,一些黑客的攻击,也常给网络的运行造成极大的破坏。因此维护系统的安全是信息化实施时必须遵守的原则。在实际操作中,防黑客、防病毒等措施的配备必须完善,系统安全性能的检测和防护制度必须建立,并且得到落实,以此保证整个系统能正常而稳定地运转。

其次,维护信息的安全。系统的安全保证了整个系统的正常运行,但不能保证整个系统信息的安全。因此确保信息权限的设置功能的健全是维护信息安全的重要措施。从利用功能上说,对各种不同的信息设置不同的密级,以满足各个层次用户的需要,为此要设置不同的密级权限,这是有效防止信息失密的安全措施。一般来说,一个规范高质量的信息系统,其存储的信息越多,信息处置的权限的规定也越明显,信息的保管也越安全。

最后,要建立安全的信息制度。信息安全制度包括的内容很广泛,有针对个人的安全责任制,有针对信息安全的数据异地备份制,有针对系统安全的定期安全检查制,有对信息使用安全的操作制以及工作人员的安全意识,安全责任的承担和安全失职的处罚等。

总之,维护安全制度的建立和推行,同维护系统和安全措施的建立和执行一起,完整地构成了信息化系统安全运行的保障机制,充分体现了档案信息化过程中安全原则的全面贯彻。

安全规划信息资源管理是实施信息化建设不可或缺的重要层面，而网络安全则是关键，安全管理必须纳入档案信息化建设的总体规划，并作为重要内容来建设。总体说来，安全规划的体制和措施主要有以下几点：

首先，建立档案信息安全保障体系框架，逐步完善档案信息安全管理体制。加强对档案信息资源的管理，确保档案数据库的安全；加强对电子文件归档工作标准规范的监督和指导，保证档案电子文件的真实、完整和有效；档案部门的内部局域网必须与公众网实行物理隔离，在局域网内要加强管理措施，使用网络行为控制系统，确保档案信息网络传输安全。

其次，各级档案部门在开发档案信息资源和网络建设工作中，要提高信息安全意识，加强上网信息的审查与管理，防止失密、泄密事件的发生。档案部门要严格遵守相关的安全保密制度，非公开的档案信息一律不准上网共享，上网的档案目录和全文信息要经过严格的控制和鉴定；在公众网上提供公开的档案目录或全文共享的，要严格采取安全措施保证共享信息的安全性。

最后，要制定严格的工作人员安全管理制度，加强安全教育，明确安全责任，建立安全监督机制。同时建立工作过程的状态网络，跟踪工作人员的操作过程，通过制度管理和系统控制，杜绝人为安全事件的发生。

第五节　高校档案信息化规划的步骤

档案信息系统的使用最终将落实到档案管理机构，对于档案馆来说，只有不断地完善信息基础设施，推广、普及、深化信息系统的使用，实施业务信息化，推进管理和业务的综合集成，才能走出一条科学高效、扎实稳妥的信息化建设之路。

一、加强基础设施的建设工作

不断完善档案信息基础设施建设，为信息化建设铺路搭桥，是档案信息化建设的基础。档案信息基础设施主要包括交换机、路由器、高性能服务器、大容量存储和备份设备，以及操作系统、可靠性的信息安全系统、数据库管理系统等。经过多年的建设，许多单位都已经建立了局域网。信息化巨额投资没有获得应有的效益，信息化的工作任重而道远，完善信息基础设施建设，重点在于建立满足应用需求的网络。主要从以下几方面考虑：

首先，部门的局域网与办公自动化同步建设。要把档案信息化纳入国家信息化的总格局中，保持协调、同步发展。各单位在建设办公自动化系统时必须考虑文档一体化的管理要求。

其次，档案网站的建设。目前许多档案部门建设了自己的档案网站，为档案网上利用提供了方便。但还存在着许多问题比如网站更新的速度慢、内容单一、访问量极低、网站形同虚设、效率低下等问题。

最后，要用长远的、发展的眼光来看档案信息化建设，只有用动态的发展的眼光来看待今天的信息化建设，并把数字档案馆的建设作为今后工作的发展目标，才能从根本上加快信息化的发展进程。

二、实现信息共享，为决策提供支持

信息化建设的实践证明，单一的信息不能共享、数据无法公用，没有考虑纵向、横向业务集成的软件系统，已经不能满足当代信息化建设的实际需求。那样只会形成信息的孤岛，给业务融合和数据整合制造障碍。实施管理与业务综合集成，为档案信息化营造可持续发展的空间才是档案信息化建设的最高阶段，办公自动化系统、档案管理信息系统之后，集成各种信息资源，实现档案管理的最终目标。通常的综合集成是将已有的软硬件资源整合，即成为一体化的档案管理信息系统，形成相互配套、互联互通的有机整体，而作为信息化的综合集成，仅停留在这个层次上是不够的。它不仅要实现办公事务、业务处理的集成，更要着眼于管理和决策的需求，在顶层应用的需求牵引下，在业务流程的总体框架内，综合集成软硬件、网络资源，为管理提供手段，为决策提供支持，更为整个行业和机构科学、高效运转，创造最大的价值和效能提供信息化平台。

三、加强对信息系统应用的落实工作

应用信息化的管理系统，除了具备软硬件的基础设施、规范化的管理和使用外，还需要有先进、实用、可靠的档案管理软件系统，包括办公自动化系统、管理信息系统。满足档案管理综合业务和局部业务需求的各种类型的档案管理系统，是管理档案信息的软件载体。办公自动化系统是满足人们办公事务、处理共性需求的工具软件，它能够满足行业或单位内部所有人员的应用，是实现管理和业务信息交流、连接管理决策行为与实际业务数据的纽带，能够将所有人员和工作连接为有机的整体；它与档案管理信息系统满足业务部门、业务人员办理业务的需求不同，与档案管理信息系统既相对独立又紧密联系，既分工负责又相互补充，是档案形成阶段的系统载体。归档过程就是将办公自动化系统中管理的数据迁移到档案管理系统中，因此在信息系统建设和使用过程中应将这两大类系统区分开来。

“管理和决策”是各项工作的重心，所有的业务和人员总是围绕着各级领导的“管理和决策”来开展工作，各类计划、方案、通知、命令是开展业务工作的依据，这就决定了管理和决策需要大量实际业务数据的支持。办公自动化系统的使用不能停留在利用网络手段电子文件的层面上，档案管理信息系统的使用也不能停留在仅仅是查找目录资源信息。他们的功能不仅要包括公文管理、档案管理、信息发布、电子邮件、值班值勤、会议管理，以及人员、车辆、物品管理等基本功能，而且更要突出即时通信、流程化管理、知识管理、内容管理、信息共享、协同工作、预警预测等高级应用，要充分利用现代信息技术发展的成果，将档案信息系统的应用上升到与信息时代、信息技术水平相适应的层次。

总之，只有围绕以上三部分来规划信息化的建设思路，档案信息化建设工作才能真正落到实处，本能取得实质性的进展，才能体现档案信息化的总体效益，才能使国家的信息化建设步入成熟的应用发展时期，才能实现档案资源信息的真正共享，也才能使档案信息满足社会不断发展的需要，并在经济社会发展中发挥核心资源的重要作用，从而有效地实现核心资源的社会共享。

第八章　高校档案信息化建设的目标和任务

第一节　高校档案信息化建设管理的目标

档案信息化的建设目标是根据国家对档案信息化建设的基本要求，在国家宏观政策指导下建立起来的，它主要包括以下几方面的内容：按照电子政务总体建设的要求，实施电子档案工程；依托局域网、公务网和因特网，推进档案数据库建设和办公自动化建设；推进档案事业持续、快速、健康地发展，力争使我国档案信息化建设总体水平接近国外先进档案馆水平。

一、加强档案信息化建设的基础工作

国家对信息化建设的基础工作非常重视。国内外有关电子政务的提法很多，如电子政府、虚拟政府、数字政府、政务工作信息化等，其宗旨是指各级政府部门运用现代信息技术和网络技术进行办公，实现政府组织结构和工作流程的重组优化，为社会公众和自身提供一体化的管理和服务。档案馆所收藏的档案信息历来以政府信息为主题，因此电子政务必然与档案信息化有密切的关系。从促进电子政务完善发展的角度考虑，档案信息化建设作为国家信息化建设的重要组成部分，它的目标、任务和原则应在国家信息化战略目标的要求下，结合档案部门的实际情况和工作需要来制定。

档案信息化建设的基础工作包含的内容很多，概括起来主要有以下几个方面：

（一）硬件基础设施建设

随着电子政务业务的普及和人们认识程度的不断深入，人们对电子政务建设的要求也越来越高，为了适应电子政务建设的需要，各级档案管理部门应加大力度

提高计算机的普及率,加强对档案管理人员的技术培训,用现代的计算机管理代替传统的手工管理,添置各种必需的服务器和客户个人计算机(PC,Personal Computer);各级档案管理部门还应配置保证局域网、公务网和因特网安全运行的网络设备和存储设备,购买满足档案数字化需要的配套设备。

(二)加强数据库建设

随着电子政务的不断发展,各级档案管理部门必须根据电子政务建设的要求,建设访问用户的档案检索系统,而档案数据库是档案计算机检索系统的核心部分。各地档案管理部门应本着资源数据共享的原则,不断加强数据库建设,提供更高层次的数据库管理方式,以满足不同层次用户对信息数据的需求。

(三)加强网络环境建设

网络环境建设是档案信息化建设基础工作的重要内容,它包括局域网、公务网和因特网建设。要在信息化的建设中实现"三网并进"的战略,就必须做到如下两个方面:一方面,依托局域网建设,带动档案管理各个环节的办公自动化,尤其是档案利用服务窗口建设,档案管理的局域网应纳入本地区的局域网信息管理系统,与本地区的公务网、政务网、政府网站同步;各专业、部门、企事业档案馆的网络建设要纳入本系统、本单位办公自动化和业务管理系统。另一方面,依托公务网、政务网的建设实现电子目录、电子文件数据的接收和传送,依托档案网站的建设,实现档案馆之间的互联互通,实现档案和档案工作的宣传,档案信息资源提供利用服务的网络化,实现档案资源的社会共享,提高档案资源的利用效率,最大限度的实现档案资源的利用价值。

二、实现档案资源的整体规划和综合利用

档案管理部门应在"加强统筹规划,促进综合利用,避免盲目发展"的思想指导下,制定档案信息化的整体规划,最大限度地实现档案资源的综合利用。按照"统一、通用、科学、标准、共享"的原则要求,积极推进应用先进的计算机管理软件;按照国家电子政务的基本要求,加强档案计算机管理系统和办公自动化管理系

统的衔接和融合,广泛应用文档一体化管理系统;进一步健全档案网站,不断丰富网站内容,有计划地开放数据库,提供网上查询和利用服务,并逐步增加交互式的网上办事功能;加快使用率高的专题数据库建设,不断增加档案信息资源的数量,加快查阅率相对较高的专题数据库建设,不断扩大数据来源和规模,最大限度地实现档案资源的综合利用。

三、实现档案信息资源的社会共享

档案信息资源作为社会信息的基础资源,已经成为衡量档案馆综合实力的一个重要标志,也是档案馆融入社会,提供公共服务的“资本”。如果把档案网络环境比作道路交通设施,把档案馆计算机软硬件当交通工具,档案信息资源就好比亟待流通的“货物”,因此档案资源建设是档案信息化建设的核心,它包括各种载体的档案资料,特别是电子档案的收集,档案馆馆藏资料的数字化和档案信息资源共享体系的建设。它主要包括以下三方面的内容:

(一)电子档案的归档

随着电子政务的不断发展,大量的电子档案和电子目录是今后档案信息的主要增长点,同时也是档案信息资源建设的源头之一。从档案信息化建设的长远考虑,各级档案管理部门必须加强对电子档案的归档、保管、利用的技术手段的管理,制定电子档案的接收标准的管理制度,可根据实际情况,实行纸质档案和电子档案“双轨制”的接收模式,并依托局域网构建电子档案的网上接收平台,开展电子档案目录和电子档案的全文接收,达到省时快捷的建档效果。电子档案目录的建立方便了档案的检索和查找,加速了档案的周转,提高了档案的利用率。

(二)电子档案的数字化管理

传统的档案管理体制下档案多以纸质档案为主,为了适应信息化建设的需要,实现档案信息资源的社会共享,就需要对纸质档案进行数字化转换。档案信息的数字化包括两方面的内容,即档案目录信息的数字化和档案全文信息的数字化。档案目录的数字化包括全宗级目录、案卷级目录和文件级目录,各级档案馆必须在加快档案著录速度、严格规范著录标引的前提下，建设覆盖馆藏档案的全宗级目录和案卷级目录数据库，一些重要的档案将逐步实现文件级目录的机检，有条件的档案馆可实现全部文件级目录机检。档案全文信息的数字化，应围绕利用需求，以建立高质量的数据库为目标，积极地加以推进。通常是一般的馆藏照片、音视频档案，应全部数字化，一些重要的全宗档案、利用率高的馆藏资料和专题文件，应逐步进行全文数字化，一些条件比较好的档案馆，可建立多媒体全文数据库，形成档案全文数据中心，这样不但方便了电子文档的检索，也满足了电子文件实现社会共享的需要。

(三)电子档案共享平台的建设

网络环境下的档案信息资源建设，不仅包括自身馆藏的信息资源，还包括馆藏以外的档案信息资源。这种可供双向利用信息资源的实现模式就是建设档案目录中心。档案目录建设的实质是网络环境下各种档案信息资源的“虚拟整合”，以实现更大范围内的资源共享。各级档案馆应有计划地建设本系统的档案目录中心和目录分数据库，并通过公务网与主数据库连接，整合各种利用率较高的专题档案目录，建立机读目录的逐年搜集和送交机制。

四、加强电子档案的安全保障体系建设

随着档案信息化建设的不断发展，档案信息化的安全问题显得越来越重要。国家对信息化的安全问题极为重视，特别是党的十六届四中全会，把信息安全和政治安全、经济安全、文化安全放在同等重要的位置，这在我们党的历史上是前所未有的。档案信息的安全保障体系建设主要包括以下几方面的内容：

(一)建立保证安全的法规制度

尽管我国已经颁布了一系列的安全管理法规，但还缺少国家级的统领全局的信息安全制度。在有法可依的情况下，档案管理机构本身还必须根据国家相关的法律、法规、规章制度制定符合本单位实际的安全保密制度。比如《安全等级保密制度》《电子文件管理办法》《违章操作审计查处制度》，把对信息安全的威胁降到

最低。

(二)档案信息的安全管理

在电子文件的形成、处理、归档、保管使用的过程中,档案信息都有被更改、丢失的可能性,即使拥有完善的信息安全技术,也需要有相应的管理措施来保证其得以实施。为此制定安全的管理制度对于维护档案信息的安全就显得十分重要。

首先,建立科学的归档制度。归档时应对电子文件进行全面、认真的检查,在内容方面检查电子文件是否完整,真实可靠;相应的机读目录、应用软件以及其他相关的内容是否一同归档,归档的电子文件是否是最终的稿件,CAD 电子文件是否反映产品定型技术状态的版本或本阶段产品技术状态的最终版本,电子文件与其他纸质文件的内容是否一致,软件产品的源程序与文本是否一致等。在技术方面应严把质量关,严格检查电子文件是否有病毒存在,确保信息的准确性。

其次,要建立严格的保管制度。所有归档的电子文件都必须做保护处理,使之处于安全的状态。在对电子文件进行处理或对电子文件实行格式转换时,要特别注意转换过程中的信息失真。另外还必须对电子文件进行定期的有效性、安全性的检查,发现信息或载体有损伤时,及时采取维护措施,进行修复或拷贝。

最后,建立电子文件管理的记录系统。电子文件形成后因载体转换和格式转换而不断改变自身的存在形式,如果没有相关的信息可以证明文件的内容没有发生任何变化,人们是无法确认它的真实性的,因此应该为每一份文件建立必要的记录,记载文件的管理内容情况,确保信息的准确可靠。

(三)维护公共设施的安全

随着电子档案信息应用范围的不断扩大,数字档案信息的安全工作也日益重要。目前威胁数字档案信息物理安全的因素主要有:机房、办公室管理不严,人员随意出入;对电脑文件、数据、资料缺乏有序的保存管理;工作人员对技术防范手段、设备认识不足,缺乏了解,操作不当,造成设备损坏,内部网、电脑办公网与因特网混用。

第二节　高校档案信息化建设管理的内容

档案信息化建设是一项庞大的系统工程,它的最终目标是实现档案信息资源的共享,为了避免各地信息化建设各自为政,国家有必要制定与信息化建设配套的规划标准以及相应的法律法规,来保证信息化建设的正常进行。

一、档案信息化的规范化建设

标准规范化是实施档案信息化建设的重要内容之一。在档案资源的收集过程中,资源的存在形式是多种多样的,社会对信息资源的需求形式也是多种多样并不断地发生变化的,因此没有标准化的规范体系,数字资源很难保证其内容的长期保存、有效的操作、数据交换、永久性的保管,更难以实现信息资源的社会共享。

目前我国档案信息化系统建设层次标准不一,各种标准的规范性、标准性、共享性较差,还不能完全适应档案信息化建设共享的社会需求。从信息化建设的科学性要求和解决目前信息化建设中存在的各自为政、相互封闭、重复建设的问题出发,在档案信息化建设中必须总体规划,制定统一的规范化标准,这是做好信息化建设的最基本的工作,也是必须做好的首要工作。

所谓标准,“是对重复性的事物和概念所做的统一规定。它以科学技术和实践经验的综合成果为基础,经有关方面协商,由主管机构批准,以特定形式发布,作为共同遵守的准则和依据”。

所谓标准化是指“在经济、技术、科学及管理等社会实践中,对重复性的事物和概念,通过制定、发布和实施标准,达到统一,已获得最佳之需和社会效益”。

档案信息化的最终目的是实现档案资源的社会共享。档案信息化体系建设是以档案信息资源库建设为核心,以信息技术的应用为手段,以网络建设为基础的系统工程。档案信息资源体系建设涉及各种数据、网络建设和应用体系开发等各方面,档案信息标准是档案信息资源共享体系建设的重要保障。

标准统一是实现网络信息互通、信息资源共享的前提条件。标准规范体系包括管理、业务、技术三个方面。管理性的标准规范包括计算机安全法规与标准,工作人员、用户及设备管理规范,利用管理规定数字档案信息资源合法性的确认等。业务性标准规范包括术语标准以及相关电子文件和电子档案管理的标准、规范。技术性的标准规范,可分为硬件、软件、数据标准等三个方面。硬件包括计算机、网络服务器、网络通信等电子设备;软件包括系统软件和应用软件;数据标准是确保档案的通用、共享与交换,确保在软、硬件环境变化时档案数据的完整、安全与有效。

二、档案信息化基本设施的建设

(一)软硬件的基础设施建设

网络的建设是以计算机为基础的。它是用基本设施和线路,将多个计算机连接起来,再用网络的信息软件进行信息的传递,实现资源的共享。网络的建设是以计算机为基础的。网络硬件的基础设施主要包括网络的布线、交换机、路由器、配线柜、电源等设备;终端计算机、输入输出和存储编辑等设备形成完善的网络系统。软件系统包括网络管理软件、服务器数据管理、因特网的节点控制等。

(二)网络的数据库建设

用现代化的管理手段代替手工管理方式,对收集来的档案信息资源进行信息化的处理和存储。数据库是档案网络化建设的重要组成部分,是重要的网络资源,要加强网络化建设,就必须加强数据库档案资源的信息化建设。

(三)数据库管理人员的培养

数据库管理队伍的建设是档案信息化建设的重要组成部分。当前档案管理的整体素质建设与信息化建设的总体要求还有较大的差距,因此档案信息化建设必须加强人才队伍的建设来提升和改造传统的档案管理和利用方式,在档案信息化建设的过程中,整个人才队伍的建设包括三个方面:一是档案信息化建设的组织领导体系,负责档案信息化建设的决策、规划、推进、指挥,为档案信息化建设提供良好的工作环境;二是具有领导能力、富有组织领导责任的领导人,这些人具有信息化的意识和时代的紧迫感，能够在自己的领域内，大力推进档案信息化的进程；三是数据库管理人员，负责档案信息化建设具体内容的实施，他们是档案信息化建设的骨干力量，现有的大部分档案管理人员缺乏信息社会应有的整体素质，所以目前人才建设的重点是立足于现有人员的培养提高，培养档案管理者的整体素质，把数据库管理人员作为重点培养对象。

三、档案信息资源的建设

信息资源的开发利用是信息化的核心工作，是信息化工作取得实效的关键。目前我国信息资源在开发利用中还存在许多问题，信息资源的开发不足，利用效率不高，基础设施和应用系统落后，政务信息公开不快，跨部门信息共享困难等，所有这些严重制约了我国档案信息化建设的发展。档案的信息化建设要想在信息化的社会中求得生存和发展，就必须把档案管理融入信息化的网络环境中，才能提高档案的利用率，提升档案自身的利用价值。

（一）档案信息资源包括的主要内容

一是接收的电子文件档案，对电子文件的接收和管理是档案信息资源建设的重要内容。二是馆藏档案，是目前最主要的信息资源来源，是目前档案信息化建设的重点工作。三是网络信息资源的获取，档案信息化建设是我国信息化建设的组成部分，所以它的发展不可能离开整个社会信息化的大环境，档案信息化建设要想不断得到发展，就必须扩展自己的工作思路和范围，这样才能给信息化建设以更大的发展空间。四是其他资源的获取，档案信息资源还包括信息人员、信息技术、信息系统等。

（二）档案信息资源建设的构成体系

一是数字化处理前的准备，档案信息从数字化处理角度可以分为符号信息、静态视频信息、动态视频信息和音频信息。每一种信息都有不同的处理方式，因此要对不同的信息制定不同的处理方案，最大限度地将档案实体上的信息保留下来。因此档案信息数字化前的准备工作，对数字化档案信息的质量起着十分重要的作用。二是数字化处理子系统。这一部分是整个系统的核心部分,它利用各种设备系统对不同类型的档案信息分别进行处理,然后进入数据库,进行必要的组织和管理。它包括三个方面:一是电子文件的处理系统,涉及对电子文件的接收和实行统一规范的管理,以及提供网上查询利用服务。二是数据存储子系统,可以按不同类型存储在各类数据库和文件系统中。三是档案馆藏数字化处理系统,它是对非数字化的档案,采取不同的方法进行数字处理,成为统一的数字化档案信息。

四、档案信息资源数据库的建设

档案信息资源数据库是档案信息化建设的核心部分,档案信息的数字化网络化工作都要围绕着数据库建设进行,其工作结果都要存储在数据库中,数据的质量对于数据库的质量起着实质性的作用,其建设要以国际、国家标准为依据。首先必须做到数据的准确性,要保证存储的数据规范、准确。数据准确是对档案数据的最基本的要求,数据的规范要求档案数据库的数据著录项目符合规范要求,对于目录数据库的建设要依照事先确定好的著录标准进行数据库建设。其次,要做到数据的有效性,要采用通用的文件格式标准记录档案数据,特别是对一些图形、图像、声音等全文信息,要采用标准和通用格式进行记录,降低未来有可能进行的数据存储格式转换和数据迁移的成本,杜绝馆藏数据无法读出的情况的发生。最后,数据的稳定性,档案建设重要的数据库结构、数据著录标准确立后,不能轻易变更,以维护系统的稳定和数据规范的连续性。

第三节　高校档案信息化建设管理的任务

一、档案信息数据库建设

《全国档案信息化实施纲要》明确指出:档案信息化建设的指导思想,是以档案信息资源建设为核心,档案信息资源建设的最重要体现,便是档案信息数据库。它既集中了档案信息的精华,又是社会利用档案信息的最主要源泉,理应成为档案信息化建设中的主要任务。

(一)档案信息数据库的性能指标

1. 收录数据的准确性

数据库中收录的数据是否准确可靠,关系到档案检索系统的检索效率。数据的任何差错,如字符的不一致、格式的不统一、拼写的错误等,都会对计算机检索产生影响,尤其在数据型数据库中,数据的不准确往往会造成严重的后果,可能降低信息系统在用户心中的可信度,会使用户对信息的准确性产生怀疑。

2. 数据记录的完整性

数据记录的完整性是评价数据库质量的首要指标。数据库覆盖面的大小,收录的数据是否完备,关系到它是否能全面满足用户的检索需求,这是取信于用户的基本前提。

3. 信息内容的丰富性

信息内容的丰富程度是揭示信息特征的重要指标。如对一份档案著录项目的翔实程度,有无摘要、外文,标引深度的大小。数据库的内容越充实就越有助于用户判断档案的价值及其切题程度,从而帮助用户准确、快速地找到所需的信息。

4. 数据库的及时性

数据库的及时性主要指一份档案从形成到纳入数据库之间的时差。如果用户先看到原始档案,然后再从数据库中检索到所需的信息,就会认为数据库提供的数据不及时,数据库的及时性对于现实效益较强的科技档案尤其重要,数据库的时差越短,其价值就越大。

5. 数据库的成本效益

建立数据库需要花费大量的人力物力,因此经济成本是衡量与选择数据库类型的重要指标,应尽可能用最低的成本获得最大的效益。计算数据库成本的指标包括每个字段、每条记录的平均费用,每次检索每次命中记录的平均费用等。

(二)档案信息数据库的组成和功能

数据库、数据库管理系统和数据库系统这几个概念常常混淆,其实它们是三个不同的概念。通常人们所说的数据库,是指数据库系统。一个数据库系统是一个实际可行的,按照数据库方式存储、维护和向应用程序提供数据或信息支持的系统。它是存储介质、处理对象和管理系统的集合体,通常有数据库、硬件、数据库管理系统和数据库管理几部分组成。对于档案库来说,还应包括档案信息数据。

数据库就是存储信息的仓库。这些数据被存储到计算机中,使人们能快速方便地对数据库进行查询、修改,并按一定的格式输出,从而达到管理和使用这些数据库的目的。硬件机制存储数据库和运行数据库管理系统的硬件资源,包括物理存储数据库的系统和其他外部设备等。数据库管理系统是负责数据库的存取、维护和管理的软件系统。数据库系统各类用户对数据库的各种操作请求,都是由DBMS 来完成的,它是数据库系统的核心软件。

数据库系统克服了以前数据管理方式的缺点,试图提供一种完美的更高层次的数据管理方式。它的指导思想是对所用的数据实行统一、集中、独立的管理,是数据存储独立与数据存储的程序,实现数据共享。数据库系统管理方式具有数据共享、数据结构化、数据独立性、统一数据控制功能等特点。

(三)档案信息数据库的构成

档案信息数据库中的各类档案数据,不仅包含馆藏档案的各类信息,包括纸质文献、照片和音频、视频资料,还包括政府的公开信息,从而使档案管理资源库通过计算机通信网络连接成为大规模的知识群库。离开了这些数字化信息的资源库,档案馆信息化建设就成了无源之水、无本之木。档案数据库存在的档案信息种类繁多,既有案卷级目录信息和文件级目录信息,又有全文信息数据,有专题目录数据和视频目录数据等等。不同类型的档案数据库的应用,往往和不同类型的应用软件相配套使用。目前档案信息数据库的建设主要包括以下几个方面:

1. 档案全文信息数据库建设

档案全文信息数据库是最实用也是最受社会不同层次利用者欢迎的数据,因为这些全文信息通过网络环境,有可能使各方面的利用者不受空间的限制来使用数据库。建立全文信息数据库关键是档案文献数字化的前处理工作。

2. 档案文件级目录建设

档案文件级目录一般包括重要文件级目录和案卷文件级目录。档案文件级目录建设至少具有两项优点：一是有利于用户对有关档案文献做更深度地检索和查阅，使查找更具有专指性；二是有利于与档案全文信息数字化开展相匹配。由于文件级目录建设耗时耗力，一般以馆藏重点全宗档案为对象。

3. 档案案卷级目录建设

案卷级目录是档案资源建设最基础的数据。在档案信息化的建设中，档案案卷级目录应涵盖档案馆全部馆藏，必须达到馆藏要求，其内容包括馆藏各个时期和各种载体档案的目录。

4. 照片档案目录建设

照片档案目录是最受重视的专题档案目录之一。它有两个特点：一是目录项目多，与普通纸质文件相比，照片档案的著录项目更为齐全，因而其揭示的信息特征更多。二是照片目录与数字化或图片文件依据相关联使用。照片档案目录建设的关键是每条目录数据著录项目的完备性。三是分类标准独特，与普通纸质档案比，照片档案的分类更切合档案馆藏的实际，使用者更易接受。

5. 专题档案目录建设

专题档案目录是目前最热门的电子档案检索工具之一，是以真正提供利用为目的、方便利用者的检索工具。他积聚了馆藏中有关档案专题的所有案卷级目录和文件级目录，这些目录包括全宗的目录集合体。专题的内涵包括档案内容、档案文本或档案载体等。专题档案目录建设的关键是对有关专题的选择和确定，需兼顾馆藏特色和社会利用需求。

二、数字档案的收集

数字档案馆主要收集各个立档单位的电子文件以及各立档单位经过数字化处理后的传统档案，是档案馆数字档案信息的重要来源。

（一）电子文件的收集

电子文件和纸质文件的生成背景和发挥作用的不同，造成其收集方法和要求也不相同。如“无纸化”的电子文件，不仅要收集积累，更要有严格的安全措施，因此可制作成拷贝，以免电子文件系统发生意外使文件信息丢失；起辅助作用或正式作用的电子文件，应及时收集与整理，并与其相应的纸质文件之间建立标识关系；草稿文件一般不予保留，如果出于对所保留电子文件重要性的考虑，则应对其进行收集和积累。

在进行电子文件的收集时我们应具体问题具体分析，不能用同一种收集方式。因不同信息的电子文件，由于其技术特性不同，存储载体和记录信息的标准、压缩算法也不同，所以应分别采取措施保证其原始性、真实性、完整性。另外与纸质文件不同，电子文件的读取、还原，离不开其生成的软硬件环境和元数据等，所以电子文件的收集、积累还必须包括这些内容。

电子文件的类型多种多样。按形成电子文件的性质分，有文本文件、图形文件、图像文件等；按电子文件的功能分，有各种公文、文本文件、设计文件、研究试验文件等。对电子文件的收集、积累应包括归档范围内所用的电子文件，对未列入收集归档范围的电子文件，有的也要收集，因此尤其需要对一些项目做补充归档或扩大归档。因此归档人员需要了解一些未列入接收电子文件的形成、承办情况，有的要及时主动收集。特别是对个人电子计算机产生的电子文件的收集工作，实践性很强，错过时机，电子文件就有失散、损毁的可能。

（二）电子文件归档的具体形式和要求

电子文件归档的形式概括起来主要有三种形式：即物理归档、文本转换归档和逻辑归档。

物理归档是将带有规定标志的电子文件集中，拷贝到耐久性能好的磁、光记录介质上，一式三套。一套封存保管，一套供查阅使用，一套异地保存。这种归档方式缓解了紧张的存储空间，并且延长了数字化电子文件的寿命。拷贝归档，常常采取压缩归档和备份系统归档手段。压缩归档即采取数据压缩工具，对电子计算机网络上应归档的文件,经过一段时间积累后进行压缩操作,录入到磁、光记录介质上。这种方法往往对将来的电子档案管理有利。备份系统归档,即在电子计算机网络环境下,将归档的电子文件在网上进行一次备份操作,就可将归档的电子文件记录在磁、光记录介质上。为保证电子文件的真实性,在归档电子文件时也将记录日志和数据库都备份到磁、光记录介质上。

文本转换归档是将电子文件转换成纸质文件归档,并使纸质管理系统与电子管理系统建立互联关系。这种归档方式是为了适应现有的科技水平,保证电子文件的原始性和凭证价值而采取的措施,有其局限性。

逻辑归档是指电子文件的管理权从网络上转移到档案部门,在归档工作中,电子文件的存储格式和位置暂时保持不变。这种归档方式解决了许多机关"收集归档难"的问题,并使档案部门对其应予以接收的电子文件有了控制权。

对电子文件的基本要求,一是文件的真实性和完整性。按照电子文件归档的不同阶段的标准,而是准确说明配套软硬件环境,其次是归档电子文件格式应为工业标准,在标准的用户界面下操作,支持不同的平台,与现有的设备兼容,能以标准的数据库语言与数据库相连,或者确定统一的标准,在内部的电子计算机网络上使用,以实现良好的转换状态。因为电子文件是由内容、存储载体、现实的软硬件设备组合,电子文件归档时必须考虑电子文件的组合问题。

目前电子文件归档分三步实行:首先,由电子部门和文书处理部门合作,在电子文件的形成或收到的同时,对列入归档范围的文件进行逻辑归档;其次,在有逻辑归档标识的电子文件办理完毕后,有专人对电子文件进行真实性和完整性的检验,检验无误的纸质文件,与该电子文件的物理载体建立互联并一同归档;最后,对有逻辑归档标识的电子文件定期进行物理归档。

(三)加强电子文件归档管理的标准化建设

电子文件是电子政务和电子商务发展的必然产物,它必须有标准化的现代化管理。因此有必要对电子文件著录标准化、存储格式化和元数据标准化等电子文件标准化管理中的基本问题进行深入的研究,尽快使电了文件的管理全过程做到有章可循,保证电子文件从生成到归档管理上的连续性和规范性,为最终确定电子文件的法律效应创造必要的条件。

制定科学的电子文件归档标准是当前我国档案管理标准化工作的重点，也是加强电子文件管理的一项有力的措施和必要的途径。制定标准应充分重视以下几项任务：第一，明确当前急需攻关解决的标准，如电子文档的归档标准、电子文件著录格式标准、电子文件的储存格式标准等；第二，提倡使用统一的软件。通过统一的软件，使电子文件归档管理逐步纳入规范化的轨道上，由档案行政管理部门与专业软件公司共同技术攻关，合作开发通用软件，并逐步在各级档案部门中推广使用，将是一条切实可行的途径。第三，与计算机行业联手合作，区分档案部门内部制定的标准和档案部门和计算机行业联手指定的技术标准，尤其是后者要列入规划，最终构成完整的电子文件归档管理标准体系。

（四）电子档案的接收和迁移

按档案存储法的有关规定，电子档案到了一定的年限就应向综合档案馆移交，其中包括目录和全文信息。综合档案馆的收集一般采用介质接收和网络接收两种形式。介质接收即用存储体传递的电子文件，如磁盘、光盘，进行卸载式离线报盘接收，一般按规定进行登记、签署，对于更改处，要填写更改单，按更改审批手续进行，并存有备份件防止出现差错。网络接收即在电子计算机网络系统上进行在线接收，系统应设计自动记录功能，记载电子文件的产生、修改、删除、责任人以及记录数据库的时间等，并在进入数据库之前，对记有档案标识的内容进行鉴定、归档和接收入库。

在数字档案的接收过程中，我们从一个网络的数据库中，将数据导出到磁、光介质，再将这些介质接到另一个网络，将数据导入其数据库，从而完成从一种技术环境到另一种技术环境的转换，使数字信息发生了迁移，在数字信息迁移过程中，要注意三个问题：一是确保档案信息内容的真实和维护使用功能。对于那些在不同操作系统之间迁移的数字信息而言，即使不可能保持原格式外观时，也必须保证内容和使用功能的不变；二是降低迁移成本和风险。数字信息迁移需要考虑迁移成本和可能存在的风险，因此要考虑合适的迁移间隔时间；三是确保信息内容的原始性和完整性。

三、馆藏档案数字化

馆藏档案信息的数字化是档案信息建设的一个重要组成部分,其主要目的是利用计算机、扫描设备、图像处理技术等现代信息技术将传统的介质存储的各类档案,根据需要进行数字化处理,以积累数字档案资源。档案馆经过几十年的建设,不仅将各种档案信息组织化和有序化,而且形成了丰富而独特的档案文献信息资源。在档案馆收藏的大量经过整理、分类的档案文献资源,除极少数在其形成的过程中和前期运行阶段就采用了数字化记录形式以外,绝大部分是纸质档案。针对这一现状,现阶段和今后一段时间内,对纸质档案信息进行数字化转换,便成为档案馆藏数字化的中心任务。

(一)馆藏档案数字化的工作内容

馆藏档案数字化主要包括两项任务:一是将传统载体的档案目录进行数字化,二是将档案内容进行数字化。

档案目录数字化的主要工作是对载体档案进行编目,并将目录信息录入到计算机中,建立档案目录数据库,利用管理信息系统实现档案目录数据的计算机管理和目录信息的资源共享。

档案内容数字化的主要工作是馆藏的纸质、录音、录像、照片等档案,通过扫描、加工、处理转变为文本、图像、图形、流媒体等数字格式信息,存储在网络服务器中,利用计算机及信息系统提供查询、检索和浏览。

档案内容数字化工作包括数字化预加工和深加工两个步骤,数字化预加工能够将纸质档案、照片档案、微缩胶片等转变为电子图像文件,不能将纸质档案上的文字信息全行完全处理;数字化的深加工则是利用技术含量较高的语言识别处理技术获取载体档案中的文字信息,方便提供全文检索。

(二)馆藏档案数字化的业务流程

1. 数字化的预处理

预处理是数字化加工的第一步,其主要的工作是将馆藏的实物档案,比如纸质档案、录音录像、照片、微缩胶片等按照数字化加工的轻重缓急原则进行筛选，然后再按照下一步数字化处理工作的具体要求做拆分、分类、整理、模数转换等处理工作。此环节中的安全风险主要来源于公共环境等人为因素，主要安全任务是防火、防抢、防盗、防泄漏，以及防止因错误操作而导致档案受损的事故的发生。因此该阶段采取的安全防范措施是：按照加工工序制定严格的安全管理制度，明确各工作的岗位职责，并严格监督执行；启动档案馆的安全监控系统，实行实时监控，一旦出现问题应立即采取措施。

2. 数字化加工与转换

就是将传统的档案转换为数字形式标识的档案信息资源，其主要工作包括纸质档案的扫描，录音录像、数码拍照的数字化转换，微缩胶片的数字化等。本阶段安全问题主要是加强对损坏程度比较严重的纸质又很薄、很难直接进行扫描或者无法采取扫描方式进行数字化的历史档案的处理。本阶段的安全重点是数字化过程中原件的保护，必须在大量实践经验的基础上，选择科学的、合理的数字化加工与转换的技术与指标开展工作。

3. 信息的处理

信息处理的主要工作是将数字化后的图像文件、多媒体信息等与档案的著录信息进行关联的重要过程，也是整个数字化工作的重要内容。首先是档案资源的编目、标引等基础数据的录入和处理等工作，其次是将图像与多媒体文件对照原始档案而进行的核对、压缩等处理工作，无论是纸质档案还是录音录像档案通过模拟到数字化的转换后，都可能造成一定程度的数据丢失或信息的失真。因此本阶段的安全重点是保证档案数字化后能够被存储、保存和利用，并考虑如何将失真度降到最低的问题。

4. 信息的存储

经过处理的数据需要存储到网络环境中并提供利用，而不仅仅是存储在光盘上保存在库房做档案备份。因此应根据数字化的存储容量及网络化提供利用的要求，选择网络存储设备、考虑数据库与电子文件存储和被访问的方式，这一阶段安全的重点是考虑电子文件的存储和保管的安全模式,严格按照档案管理的标准开展规范化操作。

5. 信息的利用

这一阶段将采用计算机应用软件系统,按照档案法及本单位的管理规范,将数字信息发布到网上,并提供不同网络范围内的不同数据内容的档案利用。本阶段安全防范的重点是:系统用户权限的严格管理、对访问系统中用户身份的严格认证,以及内网、外网计算机之间的访问控制等安全问题,同时还要严格管理网络上各服务器、客户端等计算机系统,并防止应用程序受病毒的感染、网站受黑客的攻击等非安全因素的发生。

(三)馆藏档案数字化方案的确定

选择什么样的方式是进行馆藏数字化的关键。由于档案馆保存的档案数量众多,不同档案的价值信息,开放利用的时间不相同,对不同档案的保密程度也各不相同,因此在档案信息化之前,档案馆必须确定哪种信息可以数字化,哪种档案信息资源目前不需要或者暂缓数字化,哪些资源应优先数字化。最后选择何种方案,应当紧密结合馆藏的具体情况和社会利用发展趋势做出判断。目前主要有以下几种形式:

1. 全部馆藏数字化

采用此方式是将传统的档案馆全部馆藏信息数字化,建立数字档案馆,完全继承传统档案馆的全部信息资源。这是理论上最彻底的数字化方案,对利用者来说是最理想的。这种方案比较适应那些馆藏档案数量较少,开放档案占据绝大多数馆藏档案的档案馆。对于那些馆藏数量众多,利用率较低,且档案数量大、需要控制利用档案的数量较多的档案馆,从降低成本和效益的角度来考虑,不一定是最佳策略。

2. 高利用率馆藏数字化

这种方案在一定程度上可以起到降低成本、提高效益的作用,但具体实施有一定的困难。一般来说,不同用户所需要的档案信息,在范围和重点方面有不同的特点，且对不同类型的档案信息的使用频率也不同。另外一部分高利用率的档案具有时效性。因此档案馆向利用部门提供一份较长时间的利用反馈报告，可能会有助于对馆藏高利用率档案的合理选择。

3. 珍贵馆藏数字化

从理论上说这是最合适的方案，其难点是对“珍贵档案”必须具有可操作性的诠释，这种可操作性应是建立在对馆藏档案资源熟悉和价值判断的基础上。一般来说，那些高龄档案，涉及某一地区重要机构、重大事件和重要任务的档案，在同类档案文献中较为稀少的档案等，都可以列入珍贵馆藏之列。一般来说这部分档案的利用率是很高的。

4. 即时利用数字化

即时利用数字化，即对部分档案并不数字化，只是到利用时才进行数字化。这是最具功利色彩的“用户至上”方案。所有用户不需要的馆藏均被排除在外，这是该方案最突出的优点，但也是最致命的弱点所在。用户的即时需求有很大的偶然性，过分考虑这一需求，无疑会提高档案馆数字化的经济成本。

总之，选择什么样的信息化策略应根据实际需要来定，不考虑实际需要单纯地选择某一种方案都会导致片面，如何兼顾馆藏具有永久价值的档案和用户当前的信息需求，将几种数字化的方案有机地结合起来，才是馆藏档案数字化的最佳方案。

四、数字档案馆建设

（一）数字档案馆的定义

广义的数字档案馆是指存储、利用档案信息资源的信息空间，是一个由众多档案资源库存、档案信息资源处理中心、档案用户群构成的数字档案馆群体。这个数字档案馆群体是建立在现代信息技术普遍应用的基础上，利用数字化手段，以综合档案信息资源为处理核心，对数字档案信息资源进行收集、管理，通过高速宽带通信网络设施相连接和提供利用，实现在线资源共享的超大规模、分布式数字信息系统。简单说，就是利用电子网络远程获取档案信息的一种方式，因此广义的数字档案馆不是一种物理存在，而是一种虚拟的信息组织与利用环境。

狭义的数字档案馆是指某个具体的个体档案馆，除了馆藏档案数字化外，还涉及档案信息的采集、整理、存储、检索、传递、保管、保护、利用、鉴定、统计等全过程，代表的是一种信息环境和基础设施的构建，包括软硬件系统的设计和组织实体的建立，具体内容有对应归档的电子文件及其元数据，开展馆藏档案的数字化，实现馆藏各种档案实体的自动化管理，以网络连接并提供各类档案信息资源，组织对数据的有效访问。

（二）数字档案馆的特点

第一，接收档案的数字化程度高，即档案馆可以及时对电子政府和立档单位的电子档案、电子文件实行卸载报盘接收，或网络在线接收。

第二，档案信息在线共享程度高，即不仅可以接收在线的网上信息，而且可以与众多的档案信息资源库相连接，或借助档案目录中心的构建形式，实现广泛的信息资源共享。

第三，对不同信息技术的容纳程度高。数字档案馆以信息技术为基础，充分利用了多媒体信息处理技术、数据库技术和内容的检索技术等。

第四，实体档案的数字化程度高，即利用者借助计算机检索系统，可以实地或在线查阅到丰富的档案目录信息和档案全文信息。

（三）数字档案馆建设的内容

数字档案馆建设的内容十分广泛，其主要的建设内容：基础设施建设、应用系统建设、信息资源建设和标准规范建设。

1. 基础设施的建设

数字档案馆与一般的档案馆相比具有海量存储、用户多和长期接收服务请求等特点，需要稳定可靠、可扩展的运行系统作保障。基础设施建设包括网络更新建设、硬件更新建设和系统软件建设等。数字档案馆网络工程的建设根据服务对象的不同可分为三个层面，即档案馆内部网，与政府各职能部门相连接的政务网和与互联网连接的外部网，这三网之间适应物理隔离，并各司其职。硬件设施主要包括数字化加工设备、网络设备、服务器、存储设备和输出设备。系统软件包括计算机的监控管理程序、调试程序、语言翻译程序、数据库管理程序、数据通信程序及操作系统，其中计算机操作系统是系统软件的核心，它独立于计算机，是控制和组织计算机活动的一组程序，是用户和管理的接口，是整个系统运行的基础。

2. 应用系统建设

数字档案馆的应用系统是一个可根据需求进行扩展的网络应用系统，其功能通常包括档案的数字化加工，档案信息的收集、录入、检索、利用、编研，具有可扩展和使用特性。应用系统的开发必须具备开放性和扩展性、易用性和易管理性、稳定性、安全性等。

3. 信息资源建设

信息资源是数字档案馆的核心资源，因此信息资源的建设是数字档案馆建设内容的核心。信息资源主要来源于传统档案馆馆藏、各立档单位的材料、专题信息数据和政府公开信息等。

首先，传统档案馆收藏的大量纸质、声像微缩等传统介质的档案资源是数字档案馆重要的信息资源。通过多媒体技术和数据压缩技术等手段，将可以公开的馆藏载体的各种文献数字化，能充分发挥档案馆的资源优势，加强熟悉档案馆的资源建设工作。除传统介质的档案文献外，各传统档案馆馆藏的各种在电子环境中生成的电子档案也是数字档案馆的重要采集范围。

其次，各立档单位的档案文献和目录也是数字档案馆的重要收集内容。随着办公自动化的广泛普及，各立档单位产生出大量的电子文件和电子档案，按照档案移交的有关规定，按年限通过网络或介质向档案馆移交，其中包括档案文献全文或文献目录。

再次，专题档案数据已经成为档案馆资源建设的新生力量，其中包括各种备受社会关注、社会利用需求集中的具有档案性质的政府或行业信息。专题信息数据包括全文信息和目录信息两种，且大多以电子形式报送传统档案馆。

最后，政府公开信息。各政府职能机构现实产生的可公开政府信息，尤其是其中的行政规范性文件易被社会各界所关注，其查阅量之大、需求之集中、访问量之多，在一定时间段内，已经接近甚至超过档案文献的利用率。政府公开信息大多生成于电子环境中，并且以电子文献形式报送传统档案馆，所以将越来越成为数字档案馆资源建设的重要来源。

4. 标准规范建设

标准规范是实施数字档案馆工程的重要基础之一。面对数字档案馆资源形式的多样性，以及社会对数字资源共享要求的广泛性，传统档案馆应根据国际标准和通用标准规范，确保数字资源内容的长期保存、数据交换、资源管理和安全实用。一个完善的标准、规范体系的制定，应借鉴国内先进的相关标准、规范，考虑国家之间信息化接轨，优先采用相关的国际标准、规范，并在使用过程中进行必要的本地化工作。数字档案馆的标准化建设，包括管理性标准规范、业务性标准规范和技术性标准规范。

第四节　高校档案信息化建设管理的原则

档案信息化建设是档案部门为了适应社会信息化建设的需要，根据社会对档案信息资源的利用需求，通过利用现代计算机技术和网络技术，将反映馆藏档案内容和形态特征的目录信息以及部分馆藏档案主题的信息进行数字化处理，以数字化的方式，方便快捷地为社会各界所利用的过程。这一过程涉及大量的信息资源的著录、部分档案信息资源的整合等基础性的工作，也涉及按照各种不同的信息的检索利用等要求进行一系列方便系统利用的系统功能的开发工作，因此在人力物力上必然会进行较大的投入，是一项十分庞大的系统工程。为此档案馆信息化建设的具体措施，必须在科学、缜密的思想指导下进行，才能少走弯路，以较少的投入，取得最大的效益。在实际运行的过程中，这些缜密、科学的指导思想是根据社会信息化发展的一般规律，并结合档案信息化自身的特点总结和提炼出来的，在具体实施档案信息化建设的过程中，这些科学、缜密的指导思想便转化为必须遵守的原则。因为档案信息化建设本身是社会信息化的一个方面或一个组成部分，因此社会信息化实施所应遵循的原则,同样适用于档案信息化建设,如信息共享原则、以人为本原则、信息化建设可持续发展原则等等。下面所阐述的几项原则,主要是针对档案信息化建设而言,即在考虑信息化建设固有规律的同时,要注重档案馆自身信息化建设的特点。这些原则有的已被其他行业信息化实践证明是行之有效的,有的则被一些档案部门已有的实践所检验,因此贯彻这些原则,对于确保档案信息化建设的顺利进行和收到实效,具有十分重要的意义。当然随着档案信息化建设的不断深入,这些原则所包含的思想和理念也将不断地丰富和发展。

一、协调发展的原则

档案信息化作为一项规模庞大的系统工程,从工程的组织实施来说,其固有的规律是各个子系统之间必须协调发展,这是档案信息化建设必须遵守的一项基本原则。

二、分步实施的原则

档案信息化建设是一项庞大的系统工程,因此它的建设不可能在短时期内完成,由于各地档案馆的实际情况不同,有的档案馆的信息储存量多,信息化需要投入的人力物力较多;同时由于计算机技术的发展变化较快,实现信息化在硬件上的投入较大,也不可能一步到位。因此信息化建设必须实行分步实施的原则。它的实施包括信息资源的分步实施和系统功能的分步实施两部分的内容。

三、安全的原则

档案的安全管理是信息化建设的首要前提条件。档案安全本身的重要性是由档案本身和档案管理的性质所决定的,档案信息化的建设必须充分考虑到安全问题,正确处理好方便、高效与安全管理的关系。一般来说,数字化的档案存储应该使用带自动备份功能的服务器,配置备份信息设备,如光盘库、专用网络存储设备,对备份信息实施迁移。同时使用安全介质定期刻录备份信息实行异地保管。

四、应用性原则

档案馆在实施信息化过程中进行的馆藏档案的信息资源整合和集聚，建设档案信息资源共享体系时，其主要任务是将能揭示和反映档案主要内容和原形特征的目录信息、相关原始档案信息，经过现代计算机技术的应用，进行海量存储，并通过多种检索途径，顺利地实现直接查阅利用。要取得这些海量档案信息利用的理想效果，涉及很多的工作环节，需经历多个阶段。一般将档案信息资源的整合和开发作为信息化的前处理工作，不管前处理工作多么复杂，其最终的目的是实现档案信息工作的有效利用。为此档案馆在实施信息化建设的过程中，首先应该贯彻的原则是实用性原则。实用性原则的指导思想，是所有在信息化过程中被整合处理的档案信息，必须能够适应各种利用需要。也就是说档案信息化必须以社会各方面在相当长一段时间的利用需要为原则。

五、效益原则

档案信息化建设要贯彻效益的原则，这种效益主要是功能效益和利用效益。

（一）功能效益

在一定的程度上系统的功能状况是否良好是衡量信息化是否达到了预期效果的一个重要指标。信息化能否顺利地进行和运转，很大程度上取决于信息化功能的实现程度。信息化投入最大的经费是在系统功能的设计、开发以及硬件设备的配置上，因此信息化功能的显示不但包括系统功能覆盖的全面性，操作维护的方便性，系统运行的快捷性、安全性等，同时也包括整体功能的先进性和稳定性。一个系统如果达到了以上方面的要求，我们可以认为它是成功的、有效的；否则这个系统就是失败的。

（二）利用效益

指的是信息化系统能够进行各种专职性信息利用的程度。一般来说，满足度与针对性效益是成正比的，即满足度越高，其针对性效益也越高；反之，满足度越低,针对性效益也越低,这种满足度主要取决于信息积聚的覆盖面,以及新增信息的周期性和及时性。由于社会对档案利用的专指性需求经常处于动态变化中,这就决定了信息的积聚和扩充也处于动态的变化之中,即能够把社会的有用信息增补进整个信息系统,最大程度的满足专职性、特殊性信息利用的需要,提高信息利用的针对性。

(三)成本效益

档案信息化是一项长期的系统工程,特别是网络技术的运用,使整个系统的结构更加复杂,技术含量更高,因此在对系统进行使用和管理上,除了对管理人员有技术上的要求外,在经济上也需要投入相当大的成本。一般系统维护和管理的成本效益主要包括两个方面:一是系统建设必须建立在科学和可靠的基础上,即必须有比较成熟的技术作支撑,确保系统建成后日常的维护和管理能够以相对较低的费用加以维持,而不会出现系统的功能发挥还算可以,但系统维护的庞大开支却难以支撑的情况,或者是系统建设先天不足,使用中毛病百出,致使在维护和管理上不断增加投入。二是系统的建设必须考虑今后功能的扩充和设备的升级。也就是说,系统在建设的过程中必须考虑以后系统升级的兼容性。如果一个系统建设得很好,但生命周期很短,几年之后就无法扩容,原来的系统就无法使用,只能购买新的系统,那么这样的系统建设就没有贯彻效益的原则,也可以说,这样的系统是不成熟的,是不能被市场所推广和利用的。

在信息化建设的过程中,我们应始终贯彻效益的原则,这样可以使我们投入少量的资金,取得较好的经济使用效益,产生出预期的效果,从而使档案信息化建设进入良性的发展轨道,加速信息化建设持续、稳定、健康地向前发展。

六、社会化原则

档案信息化建设涉及的范围广,工作难度大,需要的技术力量相对较强,这就决定了档案信息化建设仅仅靠档案馆自身的力量是远远不够的,必须依靠外在的社会力量才能胜任信息化建设的各项任务,这种依靠外在社会力量的做法,就是社会化原则的具体表现。

七、数量和质量统一的原则

数量和质量相统一，是我们开展各项工作经常要遵循的一个重要原则。在档案馆信息化建设的过程中，同样必须遵循这一原则，而且更具有现实的意义。档案馆信息化功能和作用的发挥，十分重要的一个因素是整个系统必须达到一定的信息量，也就是说信息化首先是以一定的信息量为基础的。只有把其中不同门类的信息积累在一起，能够满足用户不同利用的需要，才能真正显示出信息化的优越性。但是集聚的这些新信息必须是有一定质量的信息，而不是垃圾信息，这就决定了档案馆信息必须遵循质量和数量相统一的原则，这一原则不同于传统意义上的质量和数量统一的概念，而有其很强的针对性。

第九章　高校档案信息化的实施

档案信息化就是指档案部门运用现代信息技术，加强档案信息资源的收集、整理、开发和利用。其基本内涵包括档案信息利用的网络化、存储的数字化和档案信息管理的标准化。档案信息化建设就是建立档案的信息管理系统，积累、管理和利用数字档案的变革过程，是提升档案管理、流程重组的变新过程，是一个转变观念、创新思维、大胆变革的革新过程。其战略目标就是将科学的、系统的、先进的管理理念运用到档案管理的实践中去，以实现标准化收档、自动化归档、规范化管档、网络化用档，最终达到为社会、为公众提供专业化、个性化和深层次信息服务的目的。

实施就是将档案信息化战略、档案信息化规划、档案管理信息系统落实到档案工作中去，用现代化的管理理念、方法和技术来管理档案信息资源，使档案工作者能够利用现代化的管理手段实现对档案的收集、管理和利用。并为社会和公众提供信息服务。应用就是在档案工作中建立和充分发挥档案管理信息系统和软硬件的支撑平台的作用，使现代信息技术真正服务于档案业务，使档案信息资源通过计算机、网络为社会所利用。

第一节　高校档案信息化的实施原则

档案信息化是一个系统的工程，信息技术的应用和网络平台的搭建是手段，数字档案资源的积累和管理是核心，档案信息的开发和利用是目的。档案信息化建设的重要内容就是建立一个标准的、功能强大的、安全稳定的、可拓展的档案管理信息系统，在档案工作中广泛应用。

实施与应用档案管理信息系统有三个要素：方法要科学、手段要先进、实施要得当。只有当领导和档案工作者都充分理解和认识档案信息化和档案管理信息系统的必要性、重要性和有效性,且期待通过信息化来获得更大的效益时,档案管理信息系统的实施与应用才能实现。

一、实施的原则

在档案信息系统实施的过程中,应在遵循信息化建设总体原则的基础上,采取有效的技术型原则以推动系统实施的成功。下面介绍的几项原则都是非常有效的基本原则。

(一)务实导向,重视实效

系统的实施以安全、稳定、实用、方便、易操作为主要目标,过分追求大而全、先进的软件产品,是一种不务实的做法。这主要是由于需求不一样,行业有差别,同时信息技术、软件产品的更新换代非常快,市场上会不断有新产品出现。

(二)软硬件资源共同建设

系统的实施过程中不仅需要重视硬件平台的建设、设备的购买,更要注重在人力资源和软件系统方面的投资。IT 人才、档案工作者是信息化建设的核心力量。软件系统的技术含量,现代化的管理理念更是应该重视,只有硬件设施平台是无法开展信息化管理工作的,软件系统是硬件系统发挥作用的心脏,因此软件系统的开发及其升级的投资应十分重视。

(三)从实际出发,重视需求

信息系统的实施需要从当前的业务需要出发,提前做好需求分析,并在一定阶段的实施过程中,锁定相对需求来开展实施工作。边研发、边实施、边改变需求的做法只能得到事倍功半的效果。对于变化较大、新增加的需求,需要放在下一阶段进行。

(四)重视维护,升级换代

随着信息系统的不断应用,档案管埋信息系统也在迅速地发展,而其中的难度也在逐渐增加,软件系统的安全、客户化定制等工作量比较大,也比较复杂,非专业人员很难做到专业维护;另外,随着应用的不断深入,这就需要加强软件系统的拓展。因此购买软件系统的同时,需要购买相应的设施维护服务,以开展有效工作,支持系统拓展和业务的发展。

二、实施的方法

档案信息化系统建设有两种不同的策略和实施方法,即以组织战略为导向的战略推动类型和以实际业务需要为导向的需求驱动型。

(一)战略推动型

战略推动型的实施方法采取的是从整体到局部的实施路线,强调首先在观念、目标和方向的认识达成共识的基础上,逐步将工作分阶段实施,分阶段完成。采用战略驱动型的方法实施的前提是,整体的目标和规划不仅要从全局出发,而且更需要符合档案管理机构的实际需求,既要注重发展的前瞻性,又要注重当前的实用性;一般来说对实施战略管理的人员要求较高,既要有行业发展的规划能力,又要有信息化体系的架构能力,需要懂管理、懂业务、懂技术的专业档案管理的复合型人才。

(二)需要驱动型

需要驱动型采取的是从局部到整体的实施路线。这种实施方法强调以当前业务需求为主,首先在观念、目标、方向和认识等方面达成共识的基础上,逐步将工作分阶段实现,分步骤完成。采取战略驱动实施方法成功的前提是战略、规划的制定不仅要从全局的高度出发,而且更需要符合档案管理过程的实际需要,既要有前瞻性、发展性又要注重当前的使用性;要求制定战略的人员既要有行业发展的能力,又要有信息化驾驭的能力。需要懂业务、懂管理、懂技术、在档案管理和信息化的建设中有丰富经验的复合型人才。

真正意义上的“战略驱动”实施方法并不是不允许在实施过程中坚持“永恒不变”的策略,而是根据实际需要和业务变动的需求进行机制的调整和完善,因战略与规划的制定、落实的过程往往需要很长的时间,而信息技术在发展,档案业务也在改进,管理模式在变革。因此实施的过程中必须根据需求的变化而有所变革。

目前我国档案信息化建设正在走向标准化和规范化,“战略推动”“需求驱动”“总体规划”“分步实施”成为主流实施策略。各档案管理机构应紧密结合全国档案信息化的发展战略,将档案信息化纳入本单位档案信息化的全局,制定适合本单位业务发展要求的信息化规划和信息系统的实施方案,并在实施和应用的过程中,将以“务实”为导向的自我调整的策略贯穿于信息化建设的始终。

第二节　高校档案信息化策略的实施措施

一、需要型措施

档案信息化是社会信息化的重要组成部分,因此它与其他信息化的建设部门有许多相同的地方,为了在信息化的过程中少走弯路,减少失误,我们必须汲取成功者的经验和教训,对自己所选用的档案管理系统有比较深刻的认识,并对本单位的实际需要进行个性化的处理,这是一项行之有效的实施方法,但绝不是直接的照抄照搬。被选用的方案是在充分了解本单位情况的基础上,再借鉴其他成功单位成功与失败的经验教训,选择适合自己的管理系统,来开展本单位的信息化建设,坚决反对照抄照搬的拿来主义;或者过分强调自己的个性习惯又不符合标准,这两种做法都是脱离了实际需要的错误做法,都是不现实的、不可取的。

二、有效化的措施

在档案信息化的实施方法上,要结合本单位的实际情况,比如人才队伍状况,目前档案工作开展的实际情况,且不可偏颇任何一种实施方法。在选择实施策略上应根据本单位的技术力量状况,如果本单位的技术力量比较薄弱,就选择现成的软件系统或者对外承包的实施办法,充分利用外在的专业化的资源,不仅能够在短时间内实现快速实施与应用,还可以降低实施的成本。如果本单位的技术力量较强,建议采取自主与外包相结合的实施方法:对于专业性强、功能复杂、开发周期长的系统,可以采取外包的形式,降低实施成本,提高实施效率,在开发的过程中本单位可以派人参与软件的开发和项目跟踪,了解设计的细节,为交付使用后系统的更新和维护打下良好的基础;对于专业性不强,设计的流程较为简单,开发周期短的系统采取自主开发的方式,这样不仅节约了购买软件的经费,而且在开发的同时培养了自己的技术人才,加强了本单位的技术队伍力量,无形中也培养了本单位的业务骨干。

三、过程化措施

加强宣传,使大家充分认识到信息化策略实施是国家信息化策略的重要组成部分,使他们充分认识信息化的目的和意义,认识到管理的规范化给社会带来的良好的经济效益,认识到落实信息化策略的实施工作不仅是当前形势发展的需要,同时也是档案信息化建设的需要。

加强培训的过程。加强对工作人员的业务培训,比如计算机技术的培训、档案管理软件的使用培训,以及安全技术防范措施的培训。

规划制定过程。根据业务需求进行咨询和总体规划,其中包括信息的安全、资源的需求、系统功能等,可以了解同行业的实施情况,或通过咨询公司的规划,然后再有针对性地开展工作。

购买软件的过程。在充分调研的基础上,结合本单位的实际情况,选择那些售后服务信誉比较好的大公司,比较有发展前途的扩展性好的硬件和软件系统。

选择示范,以点带面。根据工作的实际需要,选择那些比较重要的部门实施,先树立一个示范的典型,然后以点带面,全面突破。在成功示范应用的基础上,根据馆内业务的发展需要,逐步把信息化建设扩展到整个单位的每一个部门。

四、安全保障措施

档案信息化的基础是建立在网络软件和信息管理系统的基础上,但这些也正是引发安全问题的隐患所在。造成黑客攻击、病毒蔓延、信息窃取的问题在于安全架构不科学、制度不健全、管理不规范、措施不到位,其中既有客观的因素也有主观的因素，其中最主要的原因是信息化建设之初，安全意识薄弱，技术方案不成熟，系统的安全保护性能较差。要想在今后信息化的道路上走得更远，我们必须提高安全防范意识，强调今后在实施信息化的过程中全面设计和考虑安全问题，在今后的管理过程中制定并落实安全方案，加强信息过程的安全管理，对一些机密的档案落实责任到人，并加强安全措施的技术监控，只有提高了安全意识，加强了安全管理的技术保障，才能最终保障计算机网络和信息系统的安全。

第三节　高校档案信息化实施的途径与过程

一、档案信息化的实施途径

（一）整体引进模式

这种模式是选择具有丰富经验、信誉度比较好的开发商，由其提供或统一购置档案管理商品化的软件及其软硬件设备，由专业化的实施队伍负责项目的完整实施。好的软件一般是具有丰富经验的管理专家和高级专业计算机技术人员共同开发的，软件本身蕴含了许多先进的管理思想和手段，针对档案室提供各种功能的模块，这些软件模块为档案流程的优化与重组提供了可借鉴的参考模型，能够在较高的层次上提升档案管理的水平，而且软件已经拥有相当大的用户，经过实际的考验一般都比较成熟与稳定，质量有保证；售后的维护比较有保证，又有利于档案信息系统的更新。但商品软件追求通用化，其功能无论在方位上或是在深度上常常使档案管理部门的需求得到部分满足，但系统的实用性不强，更难以形成特色。在具体的实施过程中，单纯依靠软件的提供商可能出现用户过分按照软件提供的立项模式行事，而忽视档案管理的具体实际，或软件提供商过分依从用户的所谓特色，造成软件的先进性、通用性消失。另外这种模式由于没有源程序代码，给系统的后期维护和二次开发造成一定的困难。

（二）自主开发的模式

采取自主研发模式的单位一般是本单位的技术力量较强，具备较强的软件开发实力,这种研发的模式一般是单位自己根据档案业务管理的需求进行定制开发,并随着业务的不断开展,对系统不断进行完善和改进。此模式适合业务比较特殊和有特殊需要的档案部门。这种研发模式的优点是能充分考虑本单位的业务工作需要,针对性强,系统实施相对比较容易,可以考虑到本单位使用细节问题,其风险较小,可以培养自己的研发队伍,对于今后的系统维护和更新都能及时到位。缺点是由于大多数档案管理队伍的人员结构不合理,往往是业务人员多,技术人员少,尤其是高技术的系统开发人员更少,而技术人员不仅要开发系统,还要跟踪现代信息技术的发展,进行系统的维护,考虑系统的安全备份等问题,并且自主研发的工作量较大,开发的周期较长,相对成本比较高,并且自主开发人员不是专门的研发公司人员,在系统的开发过程中,与社会上的先进软件相比还是具有一定的局限性。

(三)对外承包的开发模式

采取这种研发模式的单位一般是资金比较雄厚的单位。采取的方法是购买社会上开发好的现成软件,或者选择一家软件公司,按档案业务实际需求定制开发,也就是说把档案信息系统的开发工作对外承包出去。这种模式对于档案部门的工作人员要求不高,在数据的备份和系统的维护方面主要是聘用专业的技术人员来做,或是委托给专业的公司。这种方案适用于业务比较简单的档案馆(室),它的优点是充分利用了外部主页 IT 公司的力量,开发的时间较短,降低了开发的成本;缺点是如果不注重培养自己的研发队伍,而研发单位的人员不熟悉档案业务,开发系统的实用性较差,而档案机构人员对信息技术的认识不充分,很难提出比较好的建议,难以对开发单位的需求和设计资料进行准确的评价,往往是到使用的过程中才,或者才有较为准确的需求,给实施完成后的正常的运行带来困难,同时也浪费了资金的投入。为了解决好开发与使用之间的矛盾,档案部门在选择开发机构时应选择开展档案信息化解决方案的专业开发商,注重考查该公司的咨询和售后开发能力,要求他们不仅有咨询能力还有一定的培训能力,促进档案管理人员尽快理解和掌握系统的管理思想和应用模式,还需要提供长久的系统更新能力和良好的售后服务能力。

(四)外包与自主开发相结合的模式

这种模式也称为混合型模式。即信息化的项目在档案机构立项,委托第三方公司在其商品化软件的基础上,针对本单位的档案业务现状和业务发展需要进行客户化的定制和开发。采用此类模式的档案部门一般来说是基础条件较好,相对来说资金比较充足,这种模式也是目前档案管理采用较多的一种方式。这种模式的优势在于由开发商解决技术难点,对开发过程进行科学的安排和严格的控制,这样既解决了档案机构开发队伍经验少、技术力量薄弱的问题,又为档案部门培养了懂业务、懂技术、懂管理的复合型人才。同时档案管理机构还可以拥有信息系统的知识产权,更重要的是软件的开发切合用户的实际要求,系统未来的运行和维护也有保障。目前规模较大的一些综合档案管理机构大多采用此种模式,使用的事实证明这种混合性的实施模式还是目前比较理想的运行模式。

二、档案信息化实施的过程

实施过程是在国家信息化政策的总体规划下,按照信息化建设的整体要求,来确定档案信息化建设的战略目标、总体规划,在人员、技术、资金、环境等各类资源已经具备的情况下,来开展档案信息化建设与档案信息管理系统的应用。

(一)正确理解国家信息化战略与档案信息化之间的关系

首先,要正确地理解国家信息化战略与档案信息化建设的关系:国家档案信息化战略为档案信息化目标、远景以及职能的拓展、业务流程的转变的完整融合,它描述了档案信息化的目标与方向、信息体系结构、技术路线、操作方法、信息化过程的内部操作标准、软件系统的评估方法和考核的指标系等众多“软性”的规划和策略。

要正确理解档案信息化规划与信息系统规划之间的关系;信息化工作实际上是信息化战略的执行过程,它所研究的内容与信息化的战略有非常大的相关性,在战略体系下的具体软硬件系统设计过程,是在信息化战略的指导下,分解总体日标,针对不同的业务内容、工作流程提出功能模式,做出系统建设的成本预算,制定系统的实施计划,确定系统的组织、管理、选型方案、评估标准和过程控制方法。

总之,系统实施是信息化建设的重要内容,是完成系统建设并投入使用的关键业务过程。其成功实施标志着将信息化战略与规划决策的正确性,也标志着信息化进入实质性的运行阶段。

(二)从思想上充分认识档案信息化建设的艰巨性和复杂性

档案信息化建设是一项历时较长、涉及面广、内容复杂的系统工程,而档案管理信息系统的实施与应用,是以档案业务为核心,以计算机技术、网络技术、信息技术为手段,以现代管理为指导,以提高档案的利用率和利用价值为宗旨而开展的一项划时代的业务革命,其最终目的是提高档案的信息化管理水平,挖掘档案的社会价值,提高全民族的文化素养,推动社会进步,改变经济增长模式,适应信息社会发展的需要。AMIS 的实施与应用是涵盖计算机工程学、项目管理学、档案管理学、信息技术等多学科知识在内的系统化应用工程,在应用和实施的过程中严格遵循软件项目管理的先进理念,并将多学科知识融会贯通到档案管理信息系统实施与应用的每一个环节,这就要求参与档案管理的所有人员,特别是信息化项目的主要责任人必须从思想上认识到信息化建设的艰巨性和复杂性,在思想上、认识上和行动上做好迎接挑战的准备。

1. 提高对高校档案信息化的认识

要从思想上充分认识到信息化是一项具有划时代意义的新型工作,其最终的目的是提高档案的现代化管理水平,挖掘档案的价值,提高全民族的素养,推动社会进步和改变经济增长的模式,适应信息社会发展的需要。充分认识到档案信息化带来巨大的社会经济效益的同时,也给各级领导和基层的工作人员带来工作上的方便性和灵活性,使每个从事档案工作的人员都真正成为信息化的受益者,从而达到统一思想、统一认识的目的,确保档案信息化工作的顺利开展。

2. 加强档案管理业务的学习

信息系统的应用是实现档案信息化的基本手段,其一切活动的开展必须服从档案业务的全过程和未来信息发展的需要,信息系统的应用要求档案工作者必须是懂业务懂技术的复合型人才。如果说信息专业技术人员将软件系统设计完成后，仍然对档案业务及其知识一无所知，对档案管理流程含糊不清，那么他所设计的系统一定无法使用。因此档案技术人员在开展信息系统的基础工作时，必须加强对档案管理业务的学习，在了解、熟悉、分析和发展档案业务和档案学基础知识的基础上，综合运用档案学、信息技术、计算机技术、网络技术等知识，加强对档案管理的理论、原则、策略、方法等内容的进一步探讨与研究。

3. 加强网络信息技术的培训

在信息化的今天，档案管理人员必须加强网络技术知识的学习，来提高自身的管理水平。档案信息化是一个系统的复杂工程，其过程包括可行性的论证、系统的规划、详细的设计、编码、实施、应用和持续性的维护等多个阶段，每个阶段都涉及多方面的技术知识的渗透、融合与综合利用。同时整个信息化的建设过程也是一个不断完善和逐步发展的过程，所有参与人员无论是管理人员、操作人员、系统设计、系统开发和应用实施人员都必须了解和清楚各个环节的紧密关系和各个业务功能模块的来龙去脉，重点掌握自己业务范围内和所操作的系统功能模块的基础知识，才能使整个系统顺利运行并不断得到应用和完善。

4. 加强档案信息资源的建设工作

档案信息化建设涉及的内容非常广泛，而且这些内容会随着社会时代的不断进步发展而得到不断的丰富，档案信息化建设面临的任务很艰巨，困难也很多，因此我们要有重点地突破，把信息资源的建设当作核心工作来抓，实现重点带面的良好局面。在信息已成为重要的社会资源的今天，档案信息作为一种原生信息，正发挥着越来越重要的作用，把国家的档案资源建设好是档案工作的中心任务。这项工作主要包括三方面的内容：一是要加快现有档案馆藏文件级目录数据库和全文数据库的建设，以满足快速检索利用的需要。要加快现有档案目录的整理、著录和建库工作，局部实现档案级目录级检；二是有条件的档案部门，要积极推进那些重要的、容易受损的、利用频率高的档案数字化进程，加强重要档案的保护，提高档案的利用率；三是对新产生的电子文档，要采取科学的管理方法和利用现代技术手段，收集好，管理好。随着信息技术和电子政务的不断发展，电子文件将是未来数字档案信息新的主要来源。管理好、利用好电子文件将是档案工作在信息化时代一项至关重要的任务和面临的重要课题。各级档案部门要积极介入本地区本部门电子文件的产生过程，加强对电子文件的积累、鉴定、著录、归档等环节的监督、指导，保证归档电子文件的真实、完整、有效。要研究、探索电子档案的接收、保管、利用的技术方法，为电子档案的保管做好准备工作。

5. 不断地提高档案信息化的服务水平

档案管理工作是一项服务性工作，它的根本任务是为国家建设和社会发展提供可靠的信息服务，在信息资源共享成为社会发展趋势的背景下，档案信息资源因其独特的价值而日益受到社会的关注，档案信息资源的社会共享已成为国家档案事业适应社会信息化发展潮流所亟待研究的重大课题之一。随着社会经济的不断发展，社会信息意识不断增强，为信息资源的社会共享提供了良好的发展空间。新时期档案工作应做到：经济建设发展到哪里，档案工作就延伸到哪里；政治建设发展到什么阶段，档案工作就服务到什么阶段；文化建设发展到什么水平，档案工作就服务到什么水平；党的建设对档案工作提出什么要求，档案工作就提供什么服务。为了更好地实现档案信息化建设的目的，我们应根据社会信息化的客观趋势，在不断优化传统的档案服务方式的基础上，与时俱进地促进档案工作的创新。要实现档案服务方式的创新就必须更新服务理念，整合档案资源，兼顾需要与可能创新档案服务模式，实现档案服务工作质的飞跃，使档案信息资源的社会化共享逐渐由理想变为现实。

6. 安全保障体系的建设

档案作为人类历史的记忆和现实工作的支撑，其信息的安全性至关重要。因此在管理信息系统实施与应用的过程中，应保证档案信息不流失到非保管单位和个人，应确保档案信息安全并可读取，应确保档案信息分权限管理和分权限查询、浏览及检索利用。这不仅仅需要对档案管理信息系统提出安全保障要求，更重要的是实施单位的安全管理措施和加强，安全管理方法要得当。

安全保障体系的建设是档案信息化建设的重要内容之一，各级档案部门在开发利用档案信息资源和网络系统建设工作中，必须提高信息安全意识，防止失密、泄密以及档案丢失现象的发生。要保证信息的安全首先要加强安全保密技术的应用,依靠先进的技术手段,在档案网络技术建设中,必须充分应用信息安全保密技术,解决好档案信息传输与存储安全保密问题;其次是要建立完善的保密制度,各级档案部门在信息化建设的过程中必须制定针对性强、操作性能好的信息安全保密规定,确保档案信息的安全;最后是要建立严格的管理制度,各级档案管理部门要加强档案著录标引、数字化转换、档案网络信息公布等过程中的安全管理,实行安全责任制。非公开的档案信息一律不准在网上提供,已公开的档案目录或全文查询服务,要认真采取安全防护措施,实行严格的授权管理体系,确保档案信息和系统的安全。

我们要把档案安全问题提到议事日程上来,任何时候都不能有丝毫懈怠,越是在信息化程度日益提高的情况下,越要全面兼顾档案的实体安全和信息安全。要严格执行档案安全保管的责任制度,杜绝一切事故的隐患;严把档案利用审查关,不该提供利用的档案坚决不能提供利用;要严格执行“三网”隔离制度,采取可靠的防范技术和措施,确保档案部门的网络信息安全,对于面向公众的网上信息进行严格的审查,确保上网信息的安全性。

(三)加强资源建设

1. 人才资源建设

档案信息化管理系统改变了传统的手工操作方法,因此对档案管理人员的整体要求比传统的管理要高,因为它的应用要涉及许多方面的知识,需要有变革的管理思路。这就要求档案管理机构转变管理理念,档案管理信息系统本身就蕴含着现代管理思想,比如归档流程的自动化、信息著录标准化以及信息著录的一致性、系统集成等现代管理理念。它的成功应用是在对其进行深刻理解的基础上才能见到的明显效果,这不仅要求决策者而且要求业务人员能够接受和理解。其次是在认识上的转变。档案管理者在充分认识到网络化应用带来方便的同时也带来一些新的问题,认识到提高档案管理信息系统是提高业务服务效率与质量的手段,认识到资源共享的重要性,认识到需要不断地学习新的知识,认识到有了档案管理系统做助手,档案业务人员才能将工作的重心转移到钻研业务、深层次管理开发利用上。总之是要建立一支既熟悉档案业务又懂信息技术的人才队伍,不断提高档案部门的人员素质。一方面应通过实施各种培训,提供各种学习条件使档案管理工作人员能够很快熟悉掌握信息技术的理念、方法和思路;另一方面应大胆引进信息技术、网络技术等方面的人才,信息技术融入档案业务管理中,真正做到业务技术双精通,做到各尽其用。

2. 信息资源建设

网络环境的核心资源是档案的数据和信息,它们是网络环境的基础资源,离开了这些基本资源,网络信息化就成了无水之源。在实际运行的过程中,不是所有的档案部门都能重视这些基本资源的建设,有一些单位在规划实施甚至已经购买了设备和软件后,还未将档案的目录进行整理,系统就被淘汰了,更不用说电子文件的管理了。因此各单位在建设网络环境之前,必须将基础数据录入到档案专用服务器中,建立分类数据库,为以后应用网络管理系统打下良好的基础。

在数据信息录入的过程中必须遵循标准化、规范化的原则,这也是国家对档案信息化建设的基本要求,并不是所有的信息化单位都能够做到,在一些使用单机版的单位,其档案数据在遵循标准和规范方面离国家规定的档案管理目标还有很大的差距。因此在进行网络化管理信息系统时,必须提前做好录入数据的规范性工作。

数据的整合也是网络化之前必须要做的工作之一。数据的整合就是按照标准、规范以及网络化资源共享的要求,将同类和相关数据进行整合,将数据字段整理出来,进行合理的分类。也就是将原来一个个独立存在的数据进行分类整合,并抽取其中规范的数据字段以方便统计,这项工作也是档案信息资源建设的基础工作。

3. 安全资源建设

一个安全、稳定、可靠的信息系统,是顺利开展工作的可靠保证。网络版的档案管理信息系统必定需要支持网络化应用的数据库管理系统,目前有的解决方案只将档案目录信息存储在关系性数据库中,而将电子文件全文存储在文件服务器中，这样又多了一层数据管理，这些数据一旦出问题，系统也就失去存在的意义，因此必须制定相应的档案管理信息系统的安全保障措施，才能保证档案信息的安全和信息系统的安全，才能保证信息化战略的顺利实施。

4. 设备资源建设

网络是信息化的基础设施，拥有一套可靠、稳定、安全的网络设备是档案信息化的基本保证。由于使用单位的情况各不相同，因此在建立本单位的网络体系时应根据实际需求状况和本单位的发展需要，构建适合自己的网络运行环境，这样既能保证目前的正常使用，又能为将来的网络扩展创造条件。

一般来说，网络布线、端口设计、设备摆放等网络基础设施的建设，在设计建楼时已经考虑到并予以实施，但在使用的过程中也会随着需求的不断变化而逐步调整。对于网络设备的购买，最主要是结合本单位的实际需要来购买，在购买的过程中一定要严把质量关，确保购买的设备是先进的合格的产品，绝不能为了贪图便宜以次充好，结果造成工作过程中故障频繁，那样就得不偿失。最后是警钟长鸣的安全问题。一般来说，网关、防火墙、入侵检测等安全产品是网络安全保证的基本需要，如果将本单位的计算机接入因特网而没有采取任何的保障措施，那是非常危险的做法，也是违背安全保证工作条例的。

第四节　高校档案信息化系统的实施

一、与信息系统实施有关的基本要素

（一）项目组织

项目组织与团队建设是项目启动工作的重要内容，也是决定整个项目能否成功的关键因素，每一个项目的实施，都涉及多方面的组织或个人的参与。为了确保项目的进度，把好项目的质量关，控制项目的资金投入，监理方通常被聘请来全面监督项目的执行，因此项目的实施至少会涉及建设方、用户方和监理三方的利益。

1. 建设方

承担信息系统建设的集成商或软件系统的开发商，其职责是提供商品化产品，为客户提供信息化解决方案，根据需要进行客户化定制、实施、操作等工作，以及实施软件系统并开展必要的咨询和培训等工作。

2. 用户方

客户是项目承担的主要对象，是档案信息系统实施与使用的最终机构。其主要的职责是，根据自己的需要设立项目，并选择供应商、开发商及软硬件产品。客户是项目的出资方，也是项目成果的使用商，是最终的项目受益者。

3. 监理方

客户出资聘请的项目实施顾问和项目建设质量监督方，对客户负责。其主要的职责是监督和控制整个系统的进度、成本、质量等风险的综合要素，维护用户的权益，降低系统建设的成本和风险，提高系统实施的成功率。

总之，项目的成功开发，需要协调这些利益相关者之间的关系，选择平衡点，最大限度地调动所有参与者的积极性，减少项目实施过程中的阻力和影响。

（二）项目团队

项目的开发需要人才，这就需要建立一个强有力的工作团队，并有组织地展开建设。项目团队涉及的面很广，几乎包括了所有的项目相关者，在项目实施的每个阶段也将组织相关的团体。在项目启动前成立项目委员会来分析项目的可行性，而在项目的执行过程中，项目经理就起着举足轻重的作用。

当前，在我国开展档案的信息化建设基本形成了两套体系：一套是开展信息化建设和运行维护的信息管理组织体系；另一套是当前已经存在的行政及业务管理组织体系。其主要原因是业务管理和信息化应用没有真正融为一体，在业务管理和信息化的应用上存在着观念和认识上的差异。立项的管理模式是二者合二为一，这就要求档案管理的领导是既懂档案业务又懂信息化业务的现代管理的复合型人才，要求信息化管理机构中的每一个员工都要把档案业务和信息化管理结合起来开展工作。

(三)项目资源

资源包括的内容很广,它包括自然资源、内部资源、外部资源、有形资源和无形资源。这里所强调的资源不仅包括支持项目开发的人力资源、资金资源、技术资源、环境资源,也包括档案信息化建设过程中将不断产生的IT资源,如网络、服务器等硬件设备,操作系统、应用系统等软件资源,同时还包括档案信息资源。因此要求我们不但要管好、用好能看得见的设备资源,也要学会管好用好软资源。项目开发的不同阶段,资源的需求在不断地变化,有些资源用完要及时追加,任何资源积压、滞留或短缺都会给项目带来损失,各类资源的合理、高效使用对项目管理尤为重要。

(四)项目的进展

项目的进展情况需要根据项目的目标要求来进行制定,然后才能落实实施。这些计划的制定对供应商、开发商以及档案管理人员的工作进度都有明确的要求。事实上,在档案信息化建设的过程中,由于档案机构内部人员的不配合、工作繁忙、需求变化等影响项目进度的情况比较常见。因此项目在实施的过程中,要求每一个参与此项工作的人员都要明确自己的职责、进度要求,只有这样才能保证项目的顺利进行。

(五)项目的质量

质量在信息系统的管理中起着举足轻重的作用,它直接关系着档案管理机构的根本利益,同时也影响着供应商和开发商的声誉,应该说参与项目的每一个成员都希望获得高质量的实施效果,这也是客户的最终满意度。在信息化的过程中,要想保证产品的质量,就必须严把质量关,严格过程的质量监控,落实阶段目标,只有保证了每个阶段的质量,才有可能保证最终的项目质量。另外,由于参与项目的多方机构和人员对信息化项目的认知程度很难达到完全的统一,质量的标准也不完全一样,即使用户在当前满意,也可能在短时间内满意度就会改变。因此,加强开发商与用户的沟通、交流、达成共识仍然是保证项目质量的有效方法。

二、系统规划

系统规划是项目工作的前瞻性、全局性和关键性的第一步，档案信息化建设的高层行政管理人员和高层信息管理人员是系统规划的主要成员，其主要任务是确定系统实施的目标、系统的体系结构、系统实施方案和实施过程的资源计划，因此参与系统规划的人员对档案业务、现代化管理和信息技术的掌握程度，以及他们的创新精神和务实态度是有效开展系统规划的基础。

系统规划阶段所做的主要工作有工作团队的组织、系统实施的进程计划、信息系统部署方案的确定及资金的分配使用方案，还有人力资源、行政管理、技术支持的协同及对项目实施过程的风险估计。

三、系统的开发

系统开发是信息系统建设工作的核心，这一阶段的工作是由承担信息化建设的软件供应商来完成的，档案馆工作者的主要任务是提出目标阶段的需求，档案馆的技术支持人员则在业务工作者和开发人员之间起到沟通桥梁的作用，并解决系统开发过程中的问题。

需要分析市场的需要是项目开发的最终目的。因此项目开发的基本任务是要了解市场需要什么样的软件系统；该软件系统具有什么样的功能，这些功能的优缺点是什么等等；尽管项目在启动时已经确立了系统的目标，但这个目标相对来说是宏观的、大概的，具体一些细节的内容并不明确，因此明确需要将会对目标系统提出完整、准确、具体的要求。

需要分析阶段主要涉及三类人员即档案业务的管理人员、管理信息系统的研发人员、系统的实施人员，这一阶段的主要任务是加强沟通和交流。这一阶段对档案管理人员的要求是能够准确地描述当前及未来业务的发展需要，系统分析并能够准确地理解、认识业务的需求，必要时可以借助自身的工作经验对客户进行启发和诱导，让他们说出自身更深层次的业务需要，来指导今后的开发工作。

需求阶段的工作内容主要包括以下几个方面：

（一）组织结构的调研与分析

了解用户单位当前的机构设置与管理模式，充分分析其利用的合理性、完整性及运作的有效性，用以确定信息系统的体系结构，包括系统的运行结构、功能框架结构和系统的总体部署方案。

（二）对实际需要的调研分析

以用户的需要为出发点，充分考虑用户对软件的实际需要，编写可满足用户需求的规格说明书以及用户手册，表述对目标系统外部行为的完整描述，需求验证的标准，用户对系统的性能、质量、可维护性等方面的要求以及用户界面描述和目标系统的使用方法等。

（三）信息化现状的调研分析

在充分调研的基础上，了解归档单位与档案馆目前的硬件和软件运行环境、当前应用系统的使用情况、当前的数据格式和数据规范性、数据处理的方式等，分析需求开发的继承接口系统的内容和功能、数据迁移和数据导入导出的需求，确定进行二次开发或进行系统实施过程中的具体工作和任务以及软硬件系统的需求。

（四）对需要的检验过程

系统分析人员需要在档案管理人员和系统软件的实现人员的配合下对自己生成的需求规格进行检验，保证软件需求的全面性、准确性、可行性，获得档案管理人员的认同，并对需求规格和用户手册的理解达成共识，达成与目标系统理解的一致性。发现问题及时解决。

我们所做的需求信息的获取、需求的分析以及编写需求规格需求说明等工作是相互渗透、增量并行和连续反复的，其工作的过程主要包括以下几个方面：首先，系统分析员和档案业务管理员开展的面对面的交流，记录用户提供的信息，即开展信息的获取活动。其次，系统分析人员对获得的信息进行分析归类，并对客户的需求同可能的软件需求相联系，也就是开展需求分析活动。再次，系统分析人员对档案业务需求信息进行结构化的分解，编写成文档和示意图，形成需求规格的说明书。最后，组织档案管理业务的代表评审文档并纠正其错误，完成需求的验证工作。以上这几个过程由浅入深、循环往复并渗透到客户业务系统的各个环节，并贯穿于需求分析的整个工作过程，直到双方对目标系统的功能、流程、接口、数据、操作等多方面达成共识后，需求分析阶段的任务就结束了。这并不是说业务需求就不可再发生任何变动，这只是需求的“相对锁定”。

四、系统的设计

系统的设计是基于对需求分析的工作成果，对于系统做深层次的功能分析实现流程设计，分析总结出行之有效的系统实施方案，使整个项目在逻辑上和物理上得到良好的实现，从而实现最终目标系统的准确架构。

(一)系统的设计

软件系统设计的首要任务是体系结构的设计，在此设计的基础上逐步完成详细的设计工作，把设计的风险降低到最低程度。虽然一个良好的软件结构不一定能产生令人满意的软件，但一个非常差的软件结构设计，一定会导致软件项目的失败。因此我们应高度重视软件的设计工作。

(二)软件的编码

编码就是软件系统实例化的具体过程。在完成系统分析和设计工作之后主要任务就是信息系统运行结构、模块结构和数据组成已基本确定，下面的工作就是把系统设计的结果翻译成某种程序设计的语言编写的程序，及信息系统代码编写的具体工作。这一阶段的任务是将需求分析和系统设计的结果与内容转换为用户需要的实际应用过程。

(三)系统的自测试

软件的测试是系统开发过程中非常重要的环节，是系统实施阶段的一项重要工作，开发人员进行系统自测试的目的是尽可能地发现和修改系统设计和系统编码中的错误，开发人员自测试阶段发现的问题越多，交付的目标系统的质量就越高，后期纠错型的维护工作就越少。

在实施和应用档案管理信息系统时，软件开发的执行人因项目的开展方式不同而有所区别，如果自主研发的是本单位内部技术人员在开展系统设计、软件的编码和测试工作；如果采用购买商品化的软件实施方案，则一般的供应商已经根据档案业务的共性和标准流程开发出管理信息系统的原型产品，本阶段的主要工作是用户在熟悉和使用商家产品时，按照自己的需求对系统进行功能、性能等方面的测试，最终确定商家的产品是否满足目标系统的要求；如果采用自主开发和商品化应用相结合的方式，也同样执行以上三个环节的内容，并对商家提供的产品原型进行改造，来适应本单位业务管理的需要。

参考文献

[1] 王帮佐.政治学辞典[M].上海:上海辞书出版社,2009.

[2] 黄霄羽.外国档案管理学[M].北京:中国人民大学出版社,2008.

[3] 陈黎琴.企业联盟的实现方式研究[M].北京:经济管理出版社,2008.

[4] 巫景飞.企业战略联盟:动因、治理与绩效[M].北京:经济管理出版社,2007.

[5] 黄保强.现代企业制度[M].上海:复旦大学出版社,2004.

[6] 冯惠玲,张辑哲.档案学概论[M].北京:中国人民大学出版社,2006.

[7] 黄婷.导入品牌理念提高档案服务质量[J].中国品牌,2012(8):78-79.

[8] 郑晓明.人力资源管理导论[M].北京:机械工业出版社,2005.